PENSÉES
PHILOSOPHIQUES ET POLITIQUES,

SUR

LES MALHEURS

qu'entraînent les guerres.

PENSÉES

PHILOSOPHIQUES ET POLITIQUES,

SUR

LES MALHEURS

QU'ENTRAINENT LES GUERRES,

ET SUR LE MOYEN DE LES FAIRE CESSER;

ADRESSÉES

A TOUS LES SOUVERAINS DU MONDE;

Suivies d'un projet de paix perpétuelle, différent de celui de l'Abbé de saint-Pierre.

Par un Philosophe des Montagnes de l'Aveiron.

BELLA, HORRIDA BELLA!
Virg.

Un Vol. in-Octavo, avec des Notes.
(*PRIX*, 3 *francs*).

A PARIS,
et se trouve
chez tous les Libraires des Départemens.

1806.

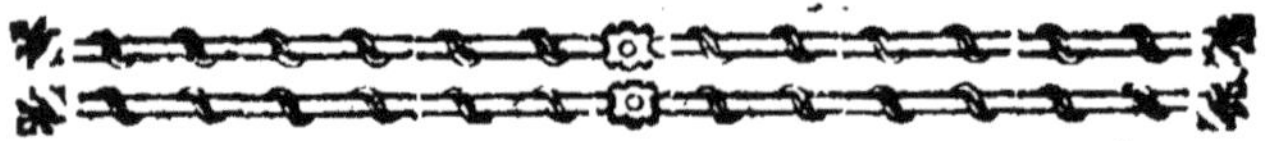

EXTRAIT

DU DÉCRET

Concernant les contrefacteurs et les débitans d'Éditions contrefaites.

Du 19 juillet 1793.

ART. IV. Tout Contrefacteur sera tenu de payer au véritable Propriétaire une somme équivalente au prix de trois mille exemplaires de l'Édition originale.

ART. V. Tout Débitant d'Édition contrefaite, s'il n'est pas reconnu Contrefacteur, sera tenu de payer au véritable Propriétaire une somme équivalente au prix de cinq cents exemplaires de l'édition originale.

Deux exemplaires de cet Ouvrage ont été déposés à la Bibliothéque nationale. Les lois nous garantissant la propriété exclusive, nous traduirons devant les Tribunaux les Contrefacteurs, Distributeurs ou Débitans d'Éditions contrefaites.

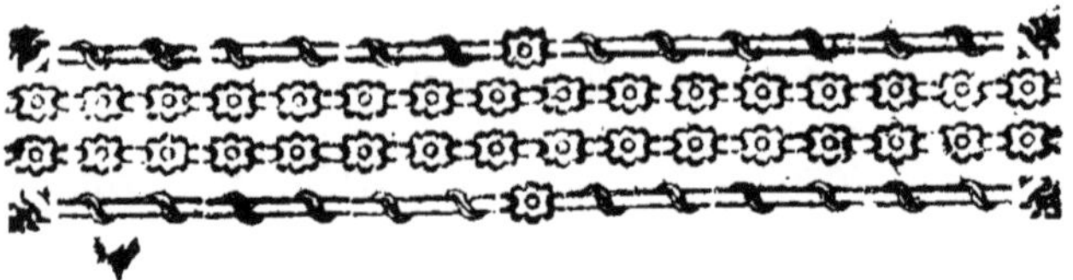

AVANT-PROPOS.

JE n'ai eu d'autre dessein, en produisant au grand jour l'Ouvrage qu'on va lire, que celui de pouvoir me rendre utile à mes Concitoyens.

Le désir ardent que je me suis toujours senti, de diminuer, s'il était possible, la somme des malheurs qui affligent le genre humain en temps de guerre, m'a suggéré l'idée flatteuse d'adresser mes *Pensées Philosophiques et*

Politiques aux Souverains de la terre, et particuliérement à quelques Puissances Continentales.

Il ne faut pas craindre de s'expliquer : l'indifférence repréhensible dans laquelle vivent tous les Maîtres du monde, en se souciant fort peu du bonheur et du repos de ceux qu'ils gouvernent, m'a fait un devoir rigoureux de prendre la plume, afin de les engager à rendre plus douces leurs maximes révoltantes, lorsqu'il s'agit d'entrer en guerre ; maximes qui tournent sans cesse à l'avantage des Souverains, et dont le peuple est toujours la victime.

Rendons-nous justice, et ne perdons pas de vue que l'intérêt particulier n'est pas la loi suprême; que les vérités les plus éloquentes sont dans le sentiment, et qu'un Roi, s'il n'est pas Roi par le cœur, abuse presque toujours de son pouvoir.

Le Projet de Paix Perpétuelle, qui vient à la suite de mes *Pensées Philosophiques*, et qu'il ne faut pas confondre avec celles de l'Abbé de Saint-Pierre, avait été soumis, il y a près de trente ans, aux lumières du Ministre de la marine, qui s'occupait alors des moyens d'opérer une Descente en

Angleterre : ce même Projet doit exister encore dans les archives du bureau maritime, écrit et signé de ma propre main.

On ne me reprochera point, je l'espère, d'avoir prodigué dans mon texte, et les antithèses brillantes, et les agrémens du bel-esprit. Lorsqu'on parle à des Souverains, les saillies ingénieuses ne sont pas à leur place. D'une autre part, la vérité, que les passions humaines rédoutent, parce que le plus souvent elle blesse l'amour-propre, n'est jamais susceptible de tant de charmes ; son flambeau ne produit que de très-faibles lueurs, quand elle est surchargée d'ornemens étrangers : voilà, sans doute, ce qui fait qu'on la représente toute nue.

Dans une Production aussi sérieuse que celle-ci, je n'ai pas cru non plus devoir m'assujettir à la marche des Rhéteurs. Je me suis contenté de m'élever sans enflure au niveau de mon sujet, en démontrant aux Souverains leurs devoirs d'une manière toute philosophique; c'est-à-dire, en ami chaud de l'humanité. Ces grands hommes n'avaient pas besoin que je leur donnasse de l'esprit : j'ai seulement essayé de les rendre meilleurs, et de réveiller en eux le sentiment de la nature.

Video meliora, proboque.

On m'objectera, peut-être, que la sagesse est un fruit tardif de l'expérience; qu'il faut être muni d'une raison bien mûre, d'un jugement bien sain, pour ne pas succomber à la passion des conquêtes, passion qui détruit tout sans rien améliorer.

Je ne chercherai point à combattre cette hypothese : l'on se fait quelquefois des notions fausses sur la science du gouvernement; c'est dans la nature, c'est dans le sentiment qu'il faut en puiser les principes. Or, si l'on s'attachait sérieusement à écarter loin de soi les voiles de la prévention, nul doute que les Rois ne devinssent plus sages, et par conséquent les hommes plus heureux.

Il ne me reste qu'à dire quelques mots sur les premières Notes qui viennent après mes *Pensées philosophiques et politiques*, ainsi que sur celles qui accompagnent également mon *Projet de paix perpétuelle.*

C'est dans les écrits sublimes des anciens et des modernes, que la plûpart ont été puisées. On me pardonnera ce larcin avec d'autant plus de justice qu'Aristote, Platon et Socrate, n'ont pas rougi de compulser les Ouvrages de Pytagore et de ses rivaux, afin d'en tirer le parti le plus avantageux. Tous ces grands Génies, qui on traité de la Nature, de la Politique et de la morale, s'étant appropriés les richesses des climats fortunés où la Philosophie a pris naissance, pourquoi n'aurais-je pas ici le droit d'user du même privilège ? Il ne faut pas cependant inférer de ce que j'avance, que tout l'esprit des siècles n'a été qu'une monnoie courante : en se tromperait grossiérement.

PENSÉES

PHILOSOPHIQUES ET POLITIQUES.

SUR

LES MALHEURS

QU'ENTRAINENT LES GUERRES,

Suivies d'un Projet de Paix perpétuelle,

ADRESSÉES

A TOUS LES SOUVERAINS

DU MONDE.

GRANDS DE LA TERRE;

LORSQUE, dans le nord de l'Allemagne, tout retentissait du bruit des armes; que le sentiment de la force (1) allumait des passions violentes, et qu'on goûtait le plaisir barbare de verser le sang des hommes, un philosophe des montagnes de l'Aveiron, tendait ses bras vers le Ciel pour implorer son assistance, afin que le Roi des Rois vous inspirât le désir sincère de donner la Paix au monde.

Sans d'autre intérêt, que celui de contribuer de toutes mes forces à la propagation des idées philantropiques, sans d'autre vue, que celle de coopérer, s'il est possible, au bien universel, permettez, ah ! permettez que je vous parle le langage de la nature, et que mon ame pénétrée de l'amour de mes semblables, vous invite, une fois pour toutes, à les soustraire, désormais, au plus terrible des fléaux, l'art cruel de détruire (2).

Je n'ai aucune mission, j'en fais l'aveu, pour m'ériger en Mentor des Têtes couronnées; mais la cause que je défends est si belle, que vous ne sauriez me blâmer sans encourir l'indignation générale. D'un autre côté, la tâche du vrai Philosophe, dût-il même périr comme Socrate, est de se dévouer entiérement au culte de la vérité. Les conséquences qu'il est permis d'en tirer, sont une suite nécessaire de la Justice (3), le plus ferme appui des Trônes : elles fixent également l'opinion que l'on doit avoir sur ce systême destructeur, connu sous le nom de Guerre, et qui fait que les Peuples des Nations différentes, se battent les uns contre les autres, sans savoir pourquoi (4).

C'est donc sous les auspices et par la bouche de la vérité, que je brigue aujourd'hui l'honnenr de m'entretenir avec vous, présumant comme le dit Tacite, que l'autorité de la persuasion, l'emportera sur celle du commandement.

Souverains du monde, vous êtes trop éclairés pour ne pas sentir que les qualités les plus distinctives d'un Monarque, sont la commisération et la clémence (5). Dans tous les pays civilisés, on regarda ces deux vertus non-seulement comme essentielles, mais comme louables, dignes, par conséquent, d'honorer les Potentats. Rappellez-vous que le burin de l'Hisoire n'a placé César

Augste au rang des Dieux que pour les avoir pratiquées : il n'en fut point redevable aux instituteurs qui l'élevèrent (6), encore moins à cette classe corruptrice de courtisans qui l'environnaient ; la nature seule, avait pris soin de remplir son ame de cette lumière bienfaisante qui ne permet pas qu'on statue sur la violence, ni qu'on tolère les abus du Pouvoir.

Assûrement, rien ne releve plus l'éclat du Trône, que l'intention fortement prononcée de mettre un terme aux calamités de la guerre; de verser des larmes sincères sur tous les maux qu'elle occasionne, et d'écarter loin des Peuples, à jamais victimes de l'ambition souveraine, tout ce qui s'oppose à leur félicité.

Voilà, voilà le plus pur des hommages, et le plus beau des triomphes !

Jurisconsultes de toutes les nations, Philosophes de tous les siècles, par quelle étrange fatalité que je ne puis comprendre, n'établissiez-vous pas une Loi capable de redresser la balance de l'Autorité suprême, quand elle inclinerait vers l'injustice ? Par le moyen de ce frien redoutable, ceux des Potentats ambitieux, qui ne connaissent d'autre droit que celui de la force, auraient eu mille raisons d'appréhender la guerre ; ils se seraient fait un devoir sacré de ne pas troubler le repos du monde, et nous jouirions peut-être encore de ces rares avantages que procurait l'âge d'or si vanté par nos Poëtes; mais vaine illusion; depuis que le Gouvernement britannique a pris à tâche de corrompre tous les Cabinets du Continent, on a vu la soif de l'or se marier avec l'ambition des conquêtes : ces deux passions dévorantes, qui ont toujours excité la barbarie anglaise ; auraient étouffé de nos jours toute espèce de vertu pacifique, si la Providence qui veille sur les destinées de la France, n'eût couvert de son égide le Héros qui la gouverne.

Puissances du Nord, soyez de bonne foi : n'est - il pas vrai que les Ministres de la nouvelle Carthage, se sont fait un jeu cruel de semer par tout la discorde ? N'est-il pas vrai que ces féroces insulaires, qui ne respirent que l'animosité des combats, ont usé tous les ressorts imaginables, pour épuiser le sang et la fortune des Peuples ? N'est-il pas vrai que, pour exiler la Paix du séjour terrestre, ils ont souvent mis à l'ordre du jour le vol et l'incendie, le pillage et le crime ? Enfin, n'est-il pas vrai qu'en vous laissant subjuguer par les intrigues astucieuses de la Cour de Saint-James, vous avez, en quelque sorte, flétri l'honneur du Trône ? Je dis flétri, parce que vos troupes et leurs Chefs étaient à la solde de l'Angleterrre, et qu'on ne pouvait contester à cette dernière le droit de les commander : la raison en est sensible ; lorsqu'un Gouverement paie, en bonnes guinées, le sang des peuples qu'il achete, et qu'on ne rougit point

point de le lui vendre, sans doute il est permis d'en disposer à volonté.

Quel vaste champ de réflexions, n'offre pas au jugement un trafic aussi honteux ! j'en hasarde une seule.

Qu'un simple artisan, issu de l'écume du peuple, se laisse corrompre par l'appas de l'or ; qu'il ne puisse pas résister à l'attrait impérieux qui l'entraîne, cela n'a rien qui doive me surprendre ; mais que l'intérêt et l'ambition, ces deux anciennes maladies de l'esprit Royal, étendent leur empire sur des Têtes couronnées, j'en suis véritablement indigné, je jette ma plume loin de moi, et je demeure enflammé de je ne sais quel mélange de mépris et d'horreur (7).

« Heureux le siècle que des Rois

» éclairent de leurs lumières et ins-
» truisent de leurs leçons ! Plus
» heureux les peuples qui se ren-
» dent dignes d'avoir de tels pères
» et de tels maîtres » !

Pourquoi , ah ! pourquoi cette morale consolante, qui devrait être gravée en traits de feu dans le cœur de tous les Monarques ne leur est point particulière ? Jusques à quand leur sera-t-il permis d'ignorer que les vertus militaires , de quelque éclat qu'elles soient environnées, ne doivent pas l'emporter sur les vertus civiles ?

Quidquid delirant Reges !

Illustres ingrats ! vous dont la Puissance n'est solide , qu'autant qu'elle veille à la conservation des peuples, nous laisserez-vous toujours gémir sous le poids de votre gloire ! ne sentirez-vous jamais que l'iniquité mine les Trônes, principalement, lorsqu'elle se montre avec un front d'airain ; que la guerre, quand elle n'est pas conforme à la justice, ou qu'elle ne tend point à la félicité des citoyens, porte avec elle le sceau de la réprobation, et qu'aucune apologie ne saurait la justifier ?

Que vous ont produit toutes ces mesures agressives qui chatouillaient si fort votre amour-propre ? Tant de cohortes formidables venues de si loin, et qui devaient anéantir la France, ont manqué de cette force, de ce courage de l'ame, qui font rester debouts et tranquilles au milieu du carnage, ceux que le choc des bayonnettes ne fut jamais capable d'intimider. Au lieu d'opposer un front serein à ce qu'on nomme le tumulte des armes, ils n'ont pu s'empêcher de laisser éclater au dehors leur honte et leur douleur : tout s'est réduit de leur part à des cris déchirans, des larmes amères et des plaintes stériles.

Puissances du continent, si vous étiez aveuglées au point de ne pas reconnaître le doigt de Dieu dans vos pertes et dans nos succès, il faudrait sans doute vous plaindre, et soutenir avec raison que le sort des Rois est beaucoup plus digne de pitié que d'envie, puisqu'ils ne peuvent se renfermer dans des bornes légitimes, et que leurs actions ne sont ni justes, ni mesurées.

Cette haîne fatale qui subsiste depuis plus de cinq cents ans entre la France et l'Angleterre, mais que celle-ci n'a jamais cessé d'allumer, on ne s'est pas fait un scrupule d'avoir voulu l'éteindre dans des torrens de sang! Qu'est-il arrivé? La Coalition impériale et royale, toujours sacrifiée au manège de l'intrigue, à des cabales méprisables, est devenue le jouet de tous les agens ministériels du cabinet de Londres: l'Europe n'a vu, en contemplant les préparatifs meurtiers de ces fiers Insulaires, que des mesures inutiles, combinées sans réflexion, et qui ne tendaient qu'à nous ramener aux temps des Philippe et des Edouard.

Empereurs et Rois du Nord de l'Allemagne, comment peut-il se faire qu'avant de déployer la bannière des combats, sous laquelle devaient s'enrôler une infinité de légions, vous n'ayez pas réfléchi sur la nature des devoirs que vous imposait la conscience ? Pour peu que votre raison se fût repliée sur elle-même, vous auriez compris que le systême infernal du Léopard d'Albion, présenté avec tant d'audace et soutenu avec tant de fureur, précipitait la ruine de vos Empires ; vous auriez compris, dis-je, qu'*on ne doit point faire à autrui ce que nous ne voudrions pas que l'on fît à nous-mêmes* : ce sage précepte de la loi naturelle, est de tous les siècles et de tous les pays ; je vais m'expliquer.

D'abord, si c'est en votre qualité d'Homme, que vous prétendez vous livrer à des actions belligérantes, vous en abjurez le caractère (d'homme), parce qu'il n'est pas dans la nature de détruire son semblable.

En second lieu, si c'est comme Rois, vous n'en avez pas le droit : un premier Agent du peuple, ne saurait ordonner, de sang froid, qu'on égorgeât les sujets qui vivent sous sa dépendance.

Rendez donc hommage à la vérité qui vous parle par ma bouche : elle vous dit que les hommes ne doivent point être regardés comme des raisons d'Etat ; ils ne sont pas non plus de vils troupeaux, pour plier sous la verge de celui qui les gouverne. Tous les Monarques ne diffèrent des autres hommes que par le Trône qui les éleve : si quelquefois ils dégénerent en tyrans, on ne doit point accuser le Ciel de leur avoir donné le droit d'asservir et de rendre malheureux les peuples ; c'est en confondant l'abus avec le pouvoir, le mensonge avec la vérité, qu'ils consolident toujours l'ouvrage du despotisme, et qu'ils anéantissent, en quelque sorte, les oracles de la raison.

Dieu fit naître les Rois pour être justes, et non pour autoriser les excès de la fureur : s'il les créa tous à son image, ce fut dans le dessein qu'ils imiteraient son exemple, et qu'ils gouverneraient leurs peuples avec la tendresse d'un père. Il n'entendit pas non plus que le fer dont ils sont armés, dût jamais devenir l'interprête des Trônes : les effrayantes conséquences qui pourraient naître de ce principe inhumain, jetteraient l'effroi dans tous les cœurs, tant il est vrai que les Maîtres du du monde en seraient les fléaux.

Souverains de la terre, cédez au cri de la raison, au vœu de la nature. Ne perdez par sur-tout de vue que la sécurité des peuples doit marcher d'un pas égal avec le repos des Rois. Si vous adoptez les maximes des Tarquins et des Tibères, bientôt vous en éprouverez le sort. L'exécration publique, en vous accompagnant jusqu'au tombeau, vous reprochera de ne vous être jamais fait une haute idée de vos devoirs, puisque jamais vous ne montrâtes de la sensibilité. Craignez d'assouvir, par les horreurs de la guerre, une ambition condamnable, qui ne pourrait qu'ajouter au déshonneur du Sceptre, et vous faire perdre pour toujours l'avantage inappréciable d'être aimé de vos sujets Persuadez-vous, au contraire, que plus vous vous montrerez avares du sang des hommes, plus vous viendrez à bout d'affermir et leurs droits, et les vôtres : vous regnerez par la justice ; l'amour et la gratitude contribueront à l'éclat de votre gloire, car c'est par la gloire qu'on mesure les Rois. Comptez-vous d'ailleurs pour rien le bonheur de faire des heureux ? Celui dont vous jouirez sera votre récompense ; et dans cette excellente disposition d'esprit , vous échaufferez , vous embraserez tous les cœurs.

Comme mes intentions sont aussi pures que mes sentimens , je ne dois pas vous dissimuler que c'est au milieu des allarmes et des calamités générales, qu'il est beau de montrer un zèle ardent pour l'humanité souffrante : il n'est pas possible , je le sais , de pouvoir fixer son bonheur à un point déterminé , puisque les misères sont inséparables de la vie ; mais n'est - ce pas les aggraver , que de faire dépendre votre fortune de la destruction générale des milices qui vous servent ? Les orages qui de tout temps les ont menacées , et qu'il faut regarder comme les précurseurs des guerres fatales ; ne peuvent être dissipés que par l'ascendant de votre pouvoir, ou, pour mieux dire, de votre pitié. Hâtez-vous donc de dissiper nos craintes ; et de nous prodiguer à l'avenir des consolations qui puissent au moins nous convaincre qu'il reste encore en vous quelques traces de la plus noble des vertus, l'amour du genre humain.

Puissances de la terre, j'en appelle à votre bonne foi, à cette commisération naturelle qui devrait diriger tous les Gouvernements ; lorsqu'ils ne sont point remués par un intérêt sordide ; pouvez-vous voir, avec indifférence, l'image terrible des hostilités réfléchies ? L'idée seule en est allarmante, pour quiconque a des entrailles. (7) Contemplez, si vous en avez le courage, la situation affreuse de tous ces cadavres épars sur un sol ensanglanté! Ils vivaient, ils ne sont plus; le Dieu des combats les a moissonnés à la fleur de leur âge. O honte de l'humanité! Des Rois, oui des Rois, ont assis leurs espérances sur cet art meurtrier, dont la précision et la vîtesse ne présentent la mort que sous des formes horribles :

Bella, horrida bella!

D'une autre part, quels avantages retirez-vous, Grands du monde, à livrer par tout des batailles qui font frémir la nature? Vous les achetez par des trophées; mais ces trophées, que vous produisent-ils? Rien, absolument rien; au bout de quelques campagnes, vous êtes ruinés de votre propre gain. Tour-à-tour vainqueurs (8) et vaincus, vous perpétuez des scènes de carnage, que l'humanité condamne, que la religion défend. C'est toujours par un intérêt mal entendu, par une politique insidieuse, semblable à celle de Machiavel (9), que vous perdez tous les avantages que vous procure la Royauté, ceux même de votre naissance et de votre fortune.

Ne vous y trompez pas, Souverains du monde, ces excès périodiques de rage et de fureur, dont les principes barbares n'agissent pas également sur l'esprit des Rois philosophes, sont autant d'outrages que vous faites à l'humanité : nul doute qu'ils n'excitent l'indignation des ames sensibles ; qu'ils ne forcent la multitude à soupirer après un avenir moins funeste, capable de tarir la source des calamités qn'elle éprouve. Ce n'est pas la première fois que des peuples fatigués, non-seulement du joug de l'oppression, mais d'appercevoir encore, sous un voile effrayant et sombre, tant d'objets douloureux qui les environnaient, ont cherché, dans leur désespoir, les moyens de le déchirer. Je pose comme des vérités incontestables, que tout, dans la nature, est sujet aux vicissitudes ; que le tableau mouvant de la fortune présente sans cesse de nouveaux contrastes, et que le génie d'une nation, après avoir dormi quelque temps, sort efin de sa léthargie, brave le Despote qui la sacrifiait à son orgueil, et vient à bout d'établir un juste équilibre entre le Prince et les sujets.

Un grand Capitaine du siècle dernier, soutenait avec raison que les Erostrates qui, dans les jeux sanglans de la guerre, se fesaient un mérite de brûler les temples, ne devaient point avoir la préférence sur les Amphions qui élevaient des villes.

Ce même Capitaine ajoutait encore, avec non moins de fondement, que les victoires (10) d'Octave ne devaient point l'emporter sur le regne d'Auguste; qu'il n'y

avait

avait rien de plus sacré que le sang des hommes ; qu'il n'était permis de le verser que dans des occasions indispensables, avouées par le sentiment de l'honneur, et l'empire de la nécessité.

Puissances du continent, c'est Fréderic, c'est le Salomon du nord qui parle, et qui vous transmet ses pensées en des termes clairs et précis : il ne vous ramène aux devoirs de la morale et de l'équité ; que pour mieux vous faire sentir à quel point un Monarque se dégrade, lorsqu'il passe de la séduction à la cruauté : il n'ignorait pas que la guerre est une de ces maladies convulsives dont la durée nous accable, et qui finit, tôt ou tard, par nous conduire à la mort ?

Ecoutez les leçons de la Philosophie.

Dans quelque rang élevé que le hasard nous place, (car c'est le hasard qui donne la naissance, et la vertu l'immortalité), on doit toujours se souvenir qu'il n'appartient pas au délire de commander à la raison ; qu'un commerce de perfidie, de ruse, de trahison, comme cela se pratique dans les trois Royaumes, n'assura jamais aux Souverains des prospérités durables, et qu'une ambition aveugle, que presque tous les Potentats regardent utile pendant la guerre, leur devient souvent préjudiciable, lorsque le retour de la paix se manifeste.

Chefs augustes de l'Autriche, de

la Russie et de la Suede, si, dans le principe, vous eussiez repoussé loin de vous, les propositions indécentes de tous ces Diplomates pervers que l'Angleterre vomissait au sein de vos Domaines, et qui goûtaient le plaisir malin de vous tenir sous leur dépendance, il est présumable que vous auriez évité la honte de vous voir écrasés sous le char de la victoire : la plupart de ceux qui vous obéissent, et qui ont suivi le fil de vos négociations avec la Cour de Saint-Jammes, n'auraient pas eu lieu de vous reprocher d'avoir voulu faire de la violence et de l'injustice, les objets les plus marquans de votre politique; en un mot, les avantages réels que la nature et l'industrie procuraient à vos

Royaumes se seraient soutenus, et vous auriez vu croître le bonheur des Contrées que le destin vous avait soumises.

Je vais plus loin; les autres Etats avec lesquels vous aviez des liaisons et des rapports, au lieu de méconnaître les devoirs qui, reciproquement, doivent unir tous les hommes, se seraient fait un plaisir de transmettre dans vos mains cette aisance négociatrice, ces signes de richesse qui donnent tant d'ascendant aux nations commerçantes; mais le Gouvernement de la grande Bretagne, que vous auriez dû comparer à un poignard toujours prêt à blesser; ce Gouvernement qui, comme Œdipe, prie sans cesse les Dieux de souffler l'esprit de discorde parmi les peuples, vous avait tellement inspiré de confiance, que vous ne voyiez que par ses yeux, et que toutes les choses pernicieuses de leur nature, vous semblaient capables d'enfanter des prodiges de valeur.

Sans avoir consulté l'oracle de Jupiter Ammon (11), ceux qui viennent de s'opérer en votre présence à la Bataille d'Austerlitz, sont autant de marques éclatantes de ce que peut la bravoure française, lorsqu'elle est conduite par un Grand Chef; mais le Ministère Anglais, qui vous inspira toujours des craintes, qui ne se soutient que par le mensonge, le parjure et la perfidie, ne pouvait manquer de vous rendre mal satisfaits de vous-mêmes.

Pardonnez-moi la pensée que je vais mettre au jour : elle pourra peut-être vous déplaire ; mais la vérité, oui la vérité, est la dette du Philosophe envers le genre humain, principalement envers les Rois (12), la voici. Ou vous étiez aveuglés par l'ignorance, ou la passion de l'or, *auri sacra fames*, vous empêchait de pressentir que la nouvelle Carthage ne voulait s'emparer du trident de Neptune, qu'afin d'abaisser un jour votre puissance, et se rendre plus facilement maîtresse *absolue* de l'empire des mers.

Voyez avec quelle finesse, toujours nuisible à la bonne foi, elle savait merveilleusement tirer parti de tous les moyens de corruption qu'elle introduisait dans vos Cabinets. C'est en se jouant de votre faiblesse, qui l'enhardissait à l'impunité, qu'elle a pris à tâche de vous engager dans une guerre contre la France, dans l'espoir de jouir du fruit qu'elle osait s'en promettre. C'est en abusant du droit des gens, qu'elle se hâta d'employer, sous le masque de l'artifice et du rafinement, tous les moyens de séduction possibles : elle ne brigua votre alliance, elle n'acheta vos services, qu'afin d'unir le plus promptement ses milices aux vôtres. En un mot, dans la folle espérance d'assurer mieux ses triomphes, elle vous inspira de l'horreur pour le Héros incomparable qui gouverne aujourd'hui la France, et sur lequel s'arrêtent tous les regards de l'Europe.

Faut-il ici vous mettre dans un plus grand jour, et les vices, et les défauts de cette Nation ambitieuse ? Faut-il vous faire l'apologie de son peu de délicatesse, ou des principes barbares qui la prédominent ? Non, non, et je le dis sans exagérer, tous les Ecrivains du temps, n'auraient ni assez d'encre, ni assez de papier, pour transmettre aux siècles à venir, des copies caractéristiques de ses extravagances criminelles : je me contentetai d'observer, par un principe certain, que tout Pouvoir, fondé sur l'injustice, ne saurait subsister long-temps ; que ces inimitiés cruelles et ridicules de de Nation à Nation, ces vengeances, ces fureurs qu'elles se transmettent d'âge en âge, sont moins la faute de ces dernières, qu'une suite funeste du déréglement des Princes, ou de leur tyrannie.

Dépositaires de l'Autorité, vous que la main puissante du sort éleva sur des Trônes, le plus sûr moyen de concilier votre gloire avec vos intérêts, c'est de travailler à garantir désormais vos Etats de tout ce qui peut rendre vos sujets sensibles à la honte.

L'Angleterre, cette Puissance maritime, qui vous avait d'abord soumis par la persuasion, mais qui bientôt vous eût intimidés par les menaces, doit exciter de plus en plus votre haine et votre mépris :

je dis votre haîne et votre mépris ; parce qu'un Gouvernement spoliateur, qui ne divise que pour affaiblir, qui ne corrompt que pour soumettre, ne mérite aucune considération : violent dans ses transports, inhumain dans sa conduite, fourbe et jaloux au-delà de toute expression, il altère, il desséche, jusques dans ses racines, tous les sentimens de l'honneur.

Voulez-vous, Puissances du Nord, que l'art abominable de régner par la cruauté, disparaisse des climats sombres qui lui ont donné l'être ? Rompez absolument les liens qui vous attachent à la Cour de Saint-James : faites-lui supporter, à son tour, les affronts insignes dont elle n'a pas rougi de vous couvrir.

N'est-ce pas en effet humilier des Souverains, que de les tenir aux gages d'un autre Souverain ? De particulier à particulier, ce commerce est pardonnable; mais il devient abject, quand la suprême Autorité s'en mêle, et que, par une affreuse politique, elle le fait servir à récompenser des vices qui peuvent satifaire son insatiable avidité.

Sans doute les Rois sont les premiers Législateurs des Contrées qu'ils gouvernent; mais comme l'exemple en impose toujours à la multitude, s'ils rangent les vertus à la place des vices, et les vices à la place des vertus, que deviendront les mœurs des grandes familles dont ils sont responsables, et qui réclament sans cesse leurs soins paternels ?

C'est un principe réçu, du moins en morale, que les Nations se réglent d'après la conduite de leurs Chefs : eux-seuls, ont le pouvoir inaliénable de donner le ton à leur siècle, ainsi qu'aux sujets qu'ils commandent : ces derniers, pour l'ordinaire, n'attachent de l'honneur qu'à ce que leurs Maîtres honorent; ils suivent l'impulsion que leur donne le Gouvernement, se conforment à ses maximes, et finissent par applaudir au vice, ou par fronder la vertu.

Il ne faut donc pas être surpris qu'une licence effrénée, l'oubli des devoirs les plus religieux, soit devenu le principe favori de la Grande-Bretagne, puisqu'au lieu de faire tourner le sentiment au profit de la

Société générale, elle l'étouffe, le mutile, l'écrase. Cependant, dès que la corruption a gagné tous les ordres d'un Etat, et que ceux-ci se font un mérite de donner par tout le signal du désordre et du malheur, il est de l'intérêt des autres Puissances d'arrêter ce torrent dans sa course, et d'empêcher que les volontés arbitraires de quelques hommes supérieurs, ou, pour mieux dire, de quelque monstres sans pitié s'exécutent à la lettre.

Empereurs et Rois, je me plais à croire, quoique vous soyez des Dieux sur la terre, que vous êtes de trop bonne-foi, pour ne pas avouer franchement, que vous n'avez point le droit de nuire à vos semblables, relativement à l'ordre de la nature, encore moins de les faire assassiner : vous ne sauriez non plus vous persuader, que vous ne devez rien à des êtres qui sont vos inférieurs, et que les Maîtres des Empires peuvent disposer à leur gré du sang des Nations.

Cela posé, qu'il me soit permis de vous demander, en ma qualité de Philosophe et d'Ami de tous les hommes ; si la Grande Bretagne, qui, depuis un demi siècle, n'a pas cessé de boire à longs traits dans la coupe des crimes ; de troubler, par toutes sortes d'actes cruels et barbares, la sécurité des Villes maritimes et commerçantes, ne mérite pas d'être rayée de la liste des Puissances ?

J'ai déjà quelque pressentiment

que vous m'accorderez peut - être l'affirmative ; mais comme il y a de la grandeur d'ame à pardonner l'outrage, et que cette grandeur est le propre de la Souveraineté, vous ne pouvez, ni ne devez vous refuser à donner au moins votre adhésion, pour qu'on ferme tous vos Ports à cette rivale des deux mondes.

Il devrait même entrer dans votre politique, de renvoyer de vos Etats les Ambassadeurs entretenus par cette Cour perfide ; Ambassadeurs qui sont autant d'espions intéressés à maintenir la suprématie de toutes les branches du commerce Anglais ; à sopposer, de toutes leurs forces et toujours par des voies tortueuses, à ce que tous les objets de votre industrie n'étendent point leur influence au-delà des vues britanniques.

Les choses ainsi disposées, vous verrez insensiblement se concilier et les intérêts de vos peuples, et leurs avantages réciproques : tous les moyens qui peuvent tendre à la conservation d'une félicité durable, seront mis en usage par les classes des Citoyens qui vous sont soumis ; l'amour du genre humain, ce premier sentiment de la Nature, écartera de leurs foyers tout ce que l'injustice et la violence avaient eu de plus accablant jusqu'à ce jour.

Dans cette heureuse situation, la vertu, l'activité, l'industrie, seront portées au plus haut point de perfectibilité dont elles sont susceptibles. Animés d'un même esprit, conduits

conduits par un même zèle, vos fideles sujets sacrifieront une partie de leur liberté, de leurs désirs, de leurs besoins même, pour soutenir dans un juste équilibre le poids de l'Administration, et pour se rendre dignes des faveurs de leur Maître.

Alors l'Angleterre, n'ayant plus des rapports communs avec l'Autriche, la Suede et la Russie, demeurera pleinement convaincue que la propre conservation de ses trois Royaumes, devient le plus pressant comme le plus cher de ses intérêts : elle sentira vivement que la force tranchante de la vérité lui fait un devoir irrésistible de renoncer au plutôt à l'empire des mers. Pourquoi ? Parce que les droits doivent être égaux sur cet élément, ainsi qu'ils le sont sur terre ; parce que les prétentions ridicules de la Grande Bretagne à cet égard, ayant été condamnées au Tribunal de la raison tombent d'elles-mêmes, et présentent, aux yeux du sage, le miroir fidele d'une Amirauté despotique.

Cependant, si, par une fatalité désolante, la voix de cette même raison que je viens de citer, n'était pas assez forte pour se faire entendre, il faudrait nécessairement que Rome et Carthage ne cessassent de s'évertuer, pour décider à laquelle des deux restera la victoire. L'une Excitée par le désir de la gloire, qui ne s'acquiert qu'au plus haut prix, triomphera des obstacles que la tyrannie anglaise oppose à la félicité publique. L'autre qui semble dédaigner l'enthousiasme de l'honneur, et qui ne veut pas comprendre que le sentiment de la dignité de l'homme ne peut être fondé que sur l'estime de lui-même, ne jouira pas seulement d'une grandeur éphémère.

Que les Anglais ne fassent donc pas sonner si haut, dans leurs feuilles publiques, la noblesse de leurs sentimens et l'étalage de leur bravoure : nous les avons surpassés, nous les surpasserons toujours et du côté de l'honneur, et de celui de la vaillance : on peut même assurer, sans craindre de mettre an avant un paradoxe, que l'Aigle couronnée de la nouvelle Gaule, qu'on voit aujourd'hui planer au haut des cieux, rognera de si près les ongles au Léopard d'Albion, que celui-ci ne pourra pas même se traîner de Londres à Westminster.

Pour tout dire en un mot, il demeure écrit en caractères ineffaçables, que l'Angleterre porte depuis long-temps dans son sein les germes de sa destruction, et qu'elle peut regarder la France comme une créancière qu'il faut payer : elle se repentira, mais trop tard, de n'avoir pas été fidèle au Traité d'Amiens; ses richesses, ses avantages, res ressources, sa puissance, son rang, tout disparaîtra devant le Scipion moderne, qui se prépare à lui faire expier la honte de ses crimes.

FIN

des pensées philosophiques et politiques.

NOTE PREMIERE.

Page 18, premiere ligne.

Il y a une certaine élevation d'ame, *dit Cicéron*, à soutenir les travaux les plus rudes, et à s'exposer aux périls les plus affreux; mais cette élevation d'ame, qui caractérise véritablement la force, si elle n'est accompagnée d'un grand fond de justice, ou si elle n'a pour objet que son propre avantage, et non l'intérêt commun, devient un vice impardonnable. Les Stoiciens, en parlant de la force, l'ont parfaitement bien définie lorsqu'ils ont dit qu'elle était une vertu qui militait pour la justice.

Auguste, *ajoute encore Cicéron*, avait uue horreur si marquée pour les troubles et pour les combats, qu'il ne déclara jamais la guerre à aucune nation, sans en avoir des motifs aussi justes que légitimes. Puissances ambitieuses, qui ne regnez que pour détruire, quelle leçon pour vous !

SECONDE NOTE.

Page 19, ligne deuxieme.

C'Est dans les premiers élémens de la guerre, que tous les états militaires ont puisé l'art de détruire; mais les hostilités meurtrières ne sont pardonnables, que quand elles se joignent aux vertus du cœur, et qu'on prend les armes pour une cause légitime.

Lorsqu'un Prince par des vues injustes et oppressives, cherche à donner une latitude sans bornes aux idées d'aggrandissement qui le travaillent, il arrive souvent que le fruit de ses conquêtes lui devient pernicieux, et qu'il perd l'estime des peuples qui vivent sous ses loix. Voilà ce qu'éprouverent autrefois les

Grecs et les Romains, et ce qu'éprouveront immanquablemens les Généraux Anglais. Je le demande : comment peut-il se faire que ce peuple philosophe ignore que la paix et l'harmonie sont les soutiens des Empires, et qu'un Souverain ternit sa gloire par l'ambition des conquêtes ?

La paix et l'harmonie sont les deux reines du monde : c'est par elles que se conservent et l'hommage et le respect que doivent les Nations à leurs Souverains ; mais s'il arrive que ceux-ci, agissant directement contre leur intérêt et contre leur bonheur, sacrifient la majeure partie de leurs sujets, en les livrant aux fureurs de la guerre, c'est bien le cas de répéter ici : *Quidquid delirant Reges.*

TROISIEME NOTE.

Même Page que la Note précédente, quatorzieme ligne

IL est reconnu que la stabilité des Empires ne peut se soutenir que par un usage constant des Loix de la Justice. Les Monarques qui s'en écartent, réduisent non seulement leurs Peuples à la dernière des extrémités, mais le Pouvoir suprême dont ils jouissaient auparavant, cesse bientôt d'être revêtu du caractère de dignité qui les rendait si respectables.

Je vais continuer cette Note par le narré d'une Histoire profane, qui a quelque rapport avec ce que j'articule sur les Loix de la Justice. Si le lecteur la goûte comme moi, je ne doute pas qu'il ne la lise avec le plus grand plaisir : la voici.

Comme un des Sultans était campé dans les plaines d'*Avola*, un Officier de marque

marque de son Armée entra par force dans la maison d'un paysan, et trouvant sa femme fort-belle, il mit le bon homme hors de chez lui, et se coucha avec elle. Le paysan parut le lendemain devant le Sultan, et lui demanda justice de cette violence, mais il ne lui fut pas possible de désigner le coupable.

L'Empereur fort irrité de l'injure que l'on avait faite à ce pauvre homme, lui dit que celui qui l'avait offensé, ferait probablement une autre visite à son épouse, et lui ordonna, si la chose arrivait, de se rendre aussitôt à sa tente et de l'avertir. Deux ou trois jours après, l'Officier ne manqua pas de retourner chez le paysan, qu'il mit encore à la porte, comme la première fois; et celui-ci courut aussitôt à la tente de l'Empereur, suivant l'ordre qu'il en avait reçu. Le Sultan, accompagné de ses gardes, s'achemina vers la chaumière, où il arriva vers le milieu de la nuit. Tous ceux qui étaient à sa suite, portaient un flambeau. Il ordonna donc qu'on éteignît toutes les lumières, qu'on entrât dans la maison, qu'on trouvât le coupable, et qu'on le mît à mort. Cet ordre, exécuté sur le champ, il fit étendre le Cadavre sur le plancher de la chambre. Alors il ordonna à tous ses gens de rallumer leurs flambeaux, et d'entourer le corps. Le Sultan s'approche, regarde le Cadavre au visage, tombe aussi-tôt à genoux, et se met en priere.

Le Sultan, dès qu'il fut relevé, dit au paysan de lui apporter ce qu'il avait à manger dans sa maison. Celui-ci servit un repas composé de mets grossiers, mais abondans, dont l'Empereur mangea avec beaucoup de plaisir. Le paysan le voyant de bonne humeur, prit la liberté de lui demander pourquoi il avait fait éteindre les flambeaux, avant que d'ordonner la mort de l'adultaire; pourquoi, lorsqu'ils avaient été rallumés, il avait regardé le mort au visage, et était aussi-tôt tombé en prière; pourquoi enfin il avait ordonné qu'on lui servît ce repas dont il mangeait d'un si grand cœur ?

Le Sultan, voulant bien satisfaire la curiosité de son hôte, lui répondit en ces termes : » En apprenant qu'un crime « aussi énorme avait été commis par « un Officier de mon Armée, j'avais « lieu de croire que ce ne pouvait être « qu'un de mes fils : quel autre en effet aurais-je pu soupçonner d'un pareil attentat ? J'ai donc fait éteindre « les flambeaux, de crainte que la partialité ou la tendresse paternelle ne me « rendît injuste, en me faisant pardonner au coupable. Les flambeaux rallumés, j'ai regardé le Cadavre au visage, et j'ai reconnu, ô joie inexpri-

« mable ! j'ai reconnu que ce n'étoit point « mon fils. C'est cette découverte qui « m'a fait tomber à genoux, pour ren- « dre à Dieu mes actions de graces. « Quant à l'appétit avec lequel j'ai man- « gé ce que vous m'avez servi, vous ces- « serez de vous en étonner, lorsque « vous saurez que la douleur et l'an- « xiété où m'a plongé cette aventure, « depuis la première plainte que vous « m'avez faite, ne m'ont pas permis de « rien manger jusqu'à ce moment.

Il n'y a donc rien de plus vénérable, de plus saint, de plus sacré, que l'exécution des Loix qui émanent des Tribunaux. Il ne faut pas s'étonner si Caton, le sage Caton, dans une de ses pensées bien digne de son caractère s'exprime ainsi ; (Lorsqu'un juste décret condamne un coupable à la mort, les dieux regardent son supplice avec plaisir, et leurs bras déjà levés, déposent la foudre qu'ils étaient sur le point de lancer.)

MOTE QUATRIEME.

Page 20, ligne deuxieme.

N'EST-il pas en effet cruel, que deux Armées, composées chacune de cent cinquante mille hommes, s'égorgent mutuellement, et cela pour plaîre à deux Souverains qui se disputent quelques pouces de terre ? Oh ! combien sont pernicieux et tyranniques, ceux qui, dans ce bas monde, se laissent gouverner par leurs idées meurtrières ! *Ne vaudrait-il pas mieux périr soi-même, que de causer la perte d'autrui ?* Telle était la Sentance de l'Empereur Tite, qui ne souilla jamais son Autorité par la mort de personne, quoiqu'il en eût de justes motifs. On sait que deux Sénateurs ayant conspiró contre lui, et ne pouvant nier le crime dont ils étaient accusés, Tite les avertit de renoncer à leur dessein les admit tous deux à sa table, et ne retrancha rien de sa première confiance à leur égard. Souvenons-nous donc, que le sacrifice des hommes n'est pas l'effet naturel du courage, ni de la grandeur d'ame. Les Loix de Zaleucus, mettaient au nombre des esprits brutaux et indomptables, ceux qui persistaient avec apiniâtreté dans leurs ressentimens et dans leur colère.

CINQUIEME NOTE.

Page 20, quatorzieme ligne.

On vint dénoncer à César Auguste que Lucius Cinna avait conspiré contre lui; on lui dit où, comment et de quelle manière on devait le surprendre, et on lui nomma jusqu'aux complices. Auguste fit aussi-tôt avertir ses Amis pour tenir Conseil le lendemain, et il passa toute la nuit dans une cruelle agitation;

élançant de temps en temps des soupirs, il s'abandonnait à une foule de pensées différentes et souvent contraires. Quoi! se disait-il à lui-même, « je laisserai vi-» vre tranquillement mon Assassin, tan-» dis que je suis dévoré d'inquiétude? » Je ne tirerai point vengeance d'un hom-» me qui a conçu le noir dessein d'ab-» batre aux pieds des Autels une tête » qui a échappé à tant de Guerres civi-» les, à tant de combats livrés sur Terre » et sur Mer, et cela dans le temps où » la paix régne dans tout l'Univers »? Ensuite retombant dans une profonde mélancolie et tournant toute sa fureur contre lui-même, il s'apostrophait ainsi: « Pourquoi vis-tu, s'il est intéressant pour » le salut de tant d'hommes que tu pé-» risses? Quelle sera la fin de tant de » supplices? Quand cesseras-tu de répan-» dre le sang? Ma tête est exposée aux » ressentiments d'une jeune Noblesse qui « peut aiguiser la pointe de ses Armes

» contre moi. Ma vie est-elle donc si pré» cieuse, si je ne peux la conserver qu'aux » dépens de celle de tant de Malhereux »? Sa femme Livie l'interompit enfin dans ses tristes réflexions : « Voulez - vous » recevoir , lui dit - elle, l'avis d'une » femme? imitez les Médecins, qui quand » ils ont épuisé sans succès les remédes or» dinaires, en tentent d'extraordinaires. » Vous n'avez rien fait jusqu'ici par la » sévérité ; éprouvez aujourd'hui ce que » pourra faire la douceur : pardonnez Lu« cius Cinna ; son complot est découvert, » il ne peut plus désormais nuire à votre » vie , et il peut contribuer à votre ré» putation ».

Le conseil de Livie plut à Auguste ; il l'en remercia, et fit venir Cinna. Il le prit à l'écart dans sa chambre, lui exposa le détail de sa conspiration, le lieu, le nom de ses complices, le jour et les mesures qu'il avait prises ; il lui rappella le souvenir

venir de tous les bienfaits dont il l'avait comblé, dont il était si mal récompensé, et finit par ces paroles : « Je vous par» donne une seconde fois, Cinna, en » qualité de parricide et pour avoir at» tenté à ma vie, comme je vous ai déjà » pardonné en qualité d'ennemi, vous » ayant surpris les armes à la main con» tre moi. Serrons entre nous, dès au» jourd'hui, les nœuds d'une véritable » amitié, et ayez-moi obligation de vo» tre vie d'un aussi bon cœur que je vous » l'accorde ». S'étant plaint qu'il n'osait pas briguer le Consulat, il le fit élire lui-même ; il en fit aussi son plus fidele et son plus intime ami ; il l'institua son unique héritier : et jamais depuis il ne conjura sa perte, ayant gagné par le secours de la clémence, ce qu'il avait cherché vainement à obtenir par la rigueur.

NOTE. SIXIEME.

Page 21, ligne 4.

S'IL est vrai que la sublimité du rang ne doit jamais se souiller par aucun crime, il ne l'est pas moins de dire que le fond vient de la nature, mais qu'il faut nécessairement que ce fond soit cultivé.

L'éducation que les Princes reçoivent, n'est, pour l'ordinaire, que trop capable de ruiner leurs meilleures dispositions.

Un enfant qui se voit respecté comme un Dieu, qui se croit né d'une espèce au dessus de l'humanité, et qui regarde tous ceux qui l'environnent comme des esclaves destinés à le servir, ne peut en aucune manière connaître le prix de la sensibilité. Avant toutes choses, on devrait lui apprendre à dire comme ce vieillard de Térence : Je suis homme, et dans tout ce qui intéresse le genre humain, il n'y a rien d'étranger pour moi:

Homo sum : humani nihil à me alienum puto.

Pour donner ce rare exemple au monde, il faudrait que les Princes eussent reçu l'éducation de Henri IV, et que pour se montrer les dignes héritiers d'un Trône, il ne fût permis à personne de captiver leurs bonnes graces; mais malheureusement, par des complaisances dangereuses, par des respects prématurés, on corrompt le cœur de ces ames privilégiées : on ne fait pas attention qu'un Instituteur ne devrait regarder que son devoir dans des fonctions aussi importantes au bien de l'Etat, et que la vertu mérita toujours par elle-même d'être l'objet de nos désirs. Enfin, il serait de la bonne politique que tous ceux qui sont destinés à l'éducation des Princes, fissent en sorte que ces derniers joignissent l'éloquence à la Philosophie, parce qu'ils apprendraient à devenir hommes, avant que d'être Souverains.

NOTE SEPTIEME.

Page 37, *premiere ligne.*

LES Stoïciens, dit Epictete, fesaient consister leur sagesse à regarder avec indifférence les malheurs qui peuvent assiéger les hommes : ils ne voulaient pas absolument que leurs Sages prissent la moindre part aux afflictions des autres, parce qu'ils avaient arrêté dans leur Tribunal, que l'indifférence devait être l'ame de leurs actions.

Pour moi j'imagine que la pitié est une preuve certaine qu'on a des entrailles ; que le cœur est le premier mobile de nos actions, et que s'il n'est pas porté à faire le bien, jamais les hommes ne seront heureux. Oui, la compassion peut non - seulement contribuer à rafiner et à polir la nature humaine, mais elle a encore en soi quelque chose de plus doux et de plus satisfaisant, que cette indolente félicité du stoïcisme.

Sans doute, la plus agréable des passions, je veux parler de la pitié, n'est autre chose que l'amour adouci par quelque mélange de sensibilité; en un mot, c'est une espèce de souci tendre, ou une généreuse sympathie, qui unit tous les hommes ensemble, et qui les confond dans le même sort.

NOTE HUITIEME.

Page 38, ligne cinquième.

LORSQUE les Grecs se furent rendus maîtres de Troye, dont la résistance et les travaux les occupèrent pendant dix ans, quels profits retirerent - ils de cette guerre fatale ? Non-seulement ils y perdirent l'élite de leur jeunesse, mais la prospérité qui dans la suite accompagna leurs armes, ne devint pas moins funeste aux Grecs qu'aux Troyens. Toutes les Contrées de la Grece, divisées par les factions, se virent en proye à l'anarchie ; les maux qu'elles éprouverent, n'avaient rien de comparable aux pertes qu'elles firent. La majeure partie des Princes qui joignirent leurs armes à celles des Ajax, des Ulisse, des Agamemnon, furent ou détruits par le fer, ou réduits à l'humiliation d'aller mandier des secours dans des pays étrangers. En un mot, après le siége d'une Place qui fait encore époque dans les annales du monde, tout ce que l'audace et la valeur, les périls et la gloire ont de plus remarqūble a disparu comme un songe: *Et sic transit gloria mundi.*

NOTE NEUVIME.

Page 38, *ligne onzième.*

LES principes politiques de Machiavel, dit le grand Frederic, ne seront jamais avoués par la raison humaine ; ils ne peuvent qu'inspirer aux Princes l'abus du pouvoir souverain, ainsi que le funeste plaisir de se livrer indifféremment aux passions les plus condamnables.

Machiavel, en transmettant à la postérité les fautes et les vices de César Borgia, n'a pas craint de faire rougir la pudeur, en accablant d'éloges le monstre le plus abominable que l'enfer ait vômi sur la terre ; mais comme il se trouve des peintres singuliers, qui n'ont jamais peint que des monstres et des diables, il faut ranger Machiavel au nombre des peintres de ce genre : il représente l'Univers comme un enfer, et les hommes qui vivent ici-bas comme autant de démons. On serait en droit de dire que ce Politique a voulu calomnier le genre humain par haîne pour l'espèce humaine. Sans doute, il n'a pris à tâche d'anéantir la vertu, que pour rendre tous les habitans du monde ses semblables.

NOTE DIXIEME.

Page 40, ligne dix-huitième.

A Propos de victoires, il ne faut pas laisser échapper l'occasion de rendre justice au mérite et à la vérité.

Monsieur DUSSAULT, inséra, il y a quelque temps, dans le Journal de l'Empire, un article de Littérature qui caractérise parfaitement la bravoure française. Il a pour titre : *Sur nos Victoires*, et sous ce rapport il mérite d'être connu.

connu. Voici comment s'exprime cet Auteur :

Détournons en ce moment nos yeux de la scène littéraire, pour les porter sur l'étonnant spectacle qui fixe les regards de toute l'Europe. Quel intérêt peuvent avoir nos dissertations et nos critiques, lorsque tous les esprits sont occupés des grands événements qui agiront si puissamment sur nos destinées et sur le sort des Peuples voisins ? Elles doivent paraître bien froides, quand tous les cœurs sont échauffés de l'enthousiasme de la victoire. S'il était permis, dans une telle circonstance, de parler de Littérature, ce serait pour examiner si nous avons aujourd'hui des Poëtes capables de célébrer dignement tant de merveilles, et des Ecrivains qui puissent, dans un style convenable, les transmettre à la postérité. Encore cette question est-elle en elle-même assez indifférente. De tels prodiges feront l'éternel entretien et l'admiration des siècles avenir, dans quelque langue et dans quelque style qu'ils leur soient racontés.

Si l'on considère, en effet, la rapidité du succès, elle éblouit; si l'on pense à son étendue, elle étonne; si l'on réfléchit sur ses résultats, ils confondent; et si l'on veut en calculer, en pressentir les effets ultérieurs, l'imagination ne trouve plus de bornes, et n'est arrêtée, dans son essor, que par le respect dû aux secrets du génie.

Je suis venu, j'ai vu, j'ai vaincu, écrivait César, pour peindre la promptitude avec laquelle il avait défait Pharnace. L'Empereur des Français peut s'approprier ces fameuses paroles, et ce style lui convient encore mieux qu'à César. Celui-ci n'avait vaincu qu'un petit Roi, vassal de Rome, qui s'était révolté contre lui : l'Empereur des Français a mis hors de combat les Armées combinées des deux plus puissans Princes de l'Europe. Partir, voir l'ennemi, le vaincre, passer le Rhin, l'Inn, arriver à Vienne, n'a été que l'affaire d'un moment ; et telle est la magie d'un triomphe si rapide, qu'elle semble avoir rapproché les distances, et qu'on a peine à se figurer qu'il y ait deux cent cinquante lieues de Paris à la capitale de l'Autriche : aussi les nouvelles paraissent-elles très-lentes à venir ; non-seulement parce que nous désirons avec impatience d'apprendre ce qui se passe dans une circonstance aussi extraordinaire, mais parce que comparant le temps qu'elles mettent à arriver, avec celui dans lequel ont été consommées les merveilles qu'elles nous annoncent, nous n'y trouvons presque pas de proportion. Lorsque l'Empereur dit en partant, qu'il irait à Vienne, nous dûmes le croire, car dire et faire est toujours pour lui la même chose ; mais s'il nous avait annoncé qu'il y serait dans six semaines, je ne sais s'il n'aurait pas ébranlé la foi que nous avons en ses paroles. L'activité, la rapidité, la promptitude furent toujours le caractère dominant des grands Capitaines; et c'est toujours ce trait principal que les Poëtes et les Orateurs se sont plu à distinguer, et à relever par l'éclat des figures et des comparaisons, lorsqu'ils ont célébré un Alexandre, un Charlemagne, un Gustave Adolphe. Ici l'homme et les choses sont hors de tout parallèle, comme au dessus de toute expression. Que l'on cite un seul homme de guerre qui ait fait autant en aussi peu de temps; que l'éloquence épuise tous ses tours, tous ses artifices; que la flatterie même, si elle pouvait avoir lieu ici, employe toutes ses exagérations, toutes ses hyperboles, que pourrait-elle dire qui fût plus énergique et plus expressif que ce simple énoncé? L'Empereur est allé prendre son épée au Sénat le premier

Vendémiaire ; et le vingt-deux Brumaire il était à Vienne.

On ne sait ce qu'on doit admirer le plus, ou de la rapidité du Conquérant, ou de l'importance de la conquête. Est-il vrai qu'on nous disputât, il y a deux mois, le Royaume d'Italie que nous avons conquis deux fois ? Est il vrai que tout le Nord de l'Europe s'armât, il y a quarante jours, pour nous chasser d'un des rivages de la Méditerranée ? Est-il vrai qu'on voulût nous tracer d'autres bornes que celles que notre modération a reconnues ? Est-il vrai qu'on ait eu dessein de nous défendre de passer le Rhin et les Alpes ? Est-il vrai que l'Empereur d'Autriche ait un moment joint la Baviere à ses Etats ? Est-ce une illusion ? Est-ce une réalité ? Il ne s'agit plus de Gênes ; il ne s'agit plus du Royaume d'Italie ; il ne s'agit plus des Alpes ni du Rhin : le Danube, dans tout son cours, reconnaît nos loix; nous sommes maîtres de tous les Etats de la Maison d'Autriche; l'Empire le plus puissant de l'Allemagne est en notre pouvoir; nous en organisons le Gouvernement, nous en reglons la police : ce sont des Français qui y commandent; et Vienne, d'où partaient tout-à-l'heure des menaces si insolentes, Vienne, le foyer des intrigues de l'Angleterre, et qui se croyait défendue contre nous, encore plus par son éloignement, que par ses Armées qu'elle rassemblait autour d'elle, reçoit dans ses murs nos troupes victorieuses.

Autrefois les plus grands succès d'une campagne, ou même d'une guerre, se réduisaient à l'occupation d'une ou de deux Provinces, prises lentement par les armes, et rapidement rendues par les traités. Dans la guerre même de la révolution, la plus forte que jamais la France ait soutenue, et celle où elle a fait le plus de conquêtes, trouve-t-on rien qui approche de ce qui se passe aujourd'hui ? Loin du bruit des armes, les Souverains, dans leurs capitales, apprenaient nos succès et l'envahissement de leur territoire, sans craindre pour la totalité de leurs Etats ; et si quelques Rois faibles, tels que ceux de Naples et de Sardaigne, s'en voyaient dépouillés, les grands Potentats, du moins, ne croyaient pas qu'on pût jamais arriver jusqu'à eux. Aujourd'hui nous avons réduit Petersbourg même, à se féliciter de l'immense distance qui le sépare de nous, et à bénir les glaces qui lui servent de boulevard. Tout, jusqu'aux limites de la Moscovie et de l'Empire Ottoman, reconnaît la supériorité de nos armes, ou par sa soumission, ou par sa neutralité. Il semble que nous revoyons cette époque héroïque de notre Histoire, où Charlemagne étendait son empire jusque sur les Hongrais et les Sarmates; ou plutôt il semble que nous revovons ces temps où, comme s'exprime un de nos plus célèbres Orateurs, les murs tombaient au bruit des trompettes, tant les événemens dont nous sommes temoins sont extraordinaires, tant ils paraissent tenir du miracle!

Quel spectacle, en effet, présente aujourd'hui l'Europe! Et que doit penser l'Angleterre, qui a creusé l'abyme où ses alliés viennent s'énsevelir? Je vois d'un côté un Souverain, qui a quitté ses Etats, pour se promener en Allemagne, pour y négocier des traités devenus ridicules par l'événement, pour y donner des scènes d'une sensibilité théâtrale, et qui ne semble s'être rapproché du champ de bataille, que pour contempler de plus près la defaite et la honte de ses Armées; de l'autre, un Empereur, obligé de fuir à la hâte de sa capitale, et de recommander ses sujets à l'humanité du Vainqueur, en lui abandonnant toute son artillerie, toutes ses munitions,

munitions, tous ses arsenaux, tout son Empire.

S'agit-il ici d'un des descendans de cette fameuse Maison d'Autriche, qui fit si long-temps trembler l'Europe, dont elle balançait les destinées ; ou d'un de ces Rois que les Romains dépouillaient avec tant de facilité, d'un Persée, d'un Antiochus, d'un Prusias ? L'Empereur d'Autriche n'a-t-il joint depuis peu ce titre à ses autres titres héréditaires, que pour le voir sitôt flétri ? Et la captivité de François premier serait-elle vengée, après plus de deux cents ans dans un descendant de Charles Quint ? Ayons des égards pour le malheur ; mais jouissons du moins de l'humiliation où tant de succès doivent plonger l'Angleterre. Voilà donc le fruit de ses intrigues, voilà le résultat des efforts qu'elle a faits, pour maîtriser la destinée de l'Empire français ! tout cet édifice de perfidie a été renversé d'un souffle ; tout ce que le cabinet de Londres avait combiné de machinations et de ruses depuis plus de six mois, a été déconcerté en moins de six semaines. Qu'il triomphe de nous avoir un moment écarté de ses rivages, pour nous y voir revenir bientôt, maîtres de tout le Continent !

« Nous avons fait tout ce qu'il est » permis à des mortels de faire, disait » un des Lieutenans d'Alexande-le-» Grand à son Maître : *Quidquid mor-» talitas capit implevimus* ». Les Français sont amenés aujourd'hui par le génie et la fortune de leur Empereur, au point de ne pouvoir plus même former de conjectures : nos succès sont tels, qu'ils accablent l'imagination et qu'ils semblent arrêter la pensée ; on craint d'ajouter encore quelque chose à ce que nous avons déjà fait ; parce que tout ce qui a été fait, surpasse même ce qu'on pouvait attendre ; et s'il se présente qnelque idée, on est toujours tenté de la considérer comme un songe et comme une illusion. Va-t-il à Constantinople, dit l'un ? Va-t-il recréer le Royaume de Po'ogne, dit un autre ? A quel prix rendra-t-il sa conquête ? Va-t-il reconstruire l'édifice de la civilisation européenne sur un nouveau plan ? Est-ce l'Empire de Charlemagne qui va renaître de ses cendres ? Est-ce la paix qu'il va donner au monde, pour couronner tant d'exploits ? Que fera-t-il, ou plutôt que ne peut-il pas faire ? Il fera ce que la Providence et son génie lui inspireront ; respectons-en les secrets, et attendons dans le silence.

Nota. Lorsque MR. DUSSAULT voulut bien enrichir le Journal de l'Empire de l'Opuscule dont on vient de rendre compte, la fameuse Bataille d'Austerlits n'avait pas encore eu lieu. Sans doute, elle eût fourni à cet Ecrivain une infinité d'idées lumineuses, qu'il n'aurait pas manqué de revêtir, comme il l'a fait ici, du langage de Cicéron. Par ce moyen, il aurait pu completter la chaîne des événemens qu'il rapporte, et raconter du Héros de notre siècle, ce qu'on a raconté d'Epaminondas, « qu'il était impossible de ne pas l'admirer quand on le suivait dans ses expéditions ; qu'on n'était pas moins surpris de ses marches, de ses campemens, de ses dispositions avant la bataille, que de sa valeur brillante et de sa présence d'esprit dans la mêlée : toujours actif, toujours tranquille ; pénétrant d'un coup d'œil les projets de l'ennemi ; lui inspirant une sécurité funeste ; multipliant autour de lui des piéges presque inévitables ; maintenant en même temps la plus exacte discipline dans son Armée ; réveillant, par des moyens imprévus, l'ardeur de ses soldats ; s'occupant enfin, sans cesse, de leur conservation, et sur-tout de leur honneur ».

ONZIEME NOTE.

Page 45, ligne neuvième.

LES Athéniens ayant été battus plusieurs fois, tant sur mer que sur terre, dans une guerre où ils étaient engagés contre les Lacédémoniens, envoyerent consulter l'Oracle de Jupiter Ammon, pour lui demander la raison pourquoi eux qui avaient élevé tant de Temples aux Dieux, et qui les avaient décorés de si riches offrandes; eux, qui avaient institué tant de fêtes, accompagnées de cérémonies si pompeuses; eux, enfin, qui avaient immolé sur les autels tant d'hécatombes, pourquoi ils avaient moins de succès que les Lacédémoniens, qu'ils avaient laissés à cet égard bien loin derrière eux? L'oracle leur fit cette réponse: *J'aime mieux la Prière des*

Lacédémoniens, *que tous les sacrifices des* Grecs.

Il est bon d'observer que cette prière, qu'un Poëte grec avait composée à l'usage de ses amis, était très-courte, et qu'elle se réduisait à demander seulement aux Dieux, *de leur accorder tout ce qui était bon, tant qu'ils s'attacheraient aux principes émanés de la vertu* : d'où je conclus que c'est toujours par la vertu qu'on doit mesurer les hommes, et que jamais le vice ne les rendit respectables.

NOTE DOUZIEME.

Page 46, *ligne septième.*

ON ne doit pas mettre en problême, si les Rois sont l'ouvrage des Peuples. Lorsque les hommes commencerent à se former en Société, des circonstances imprévues, des passions différentes, des événemens divers leur firent sentir le besoin de se donner des Gouverneurs; mais à quelle époque doit-on faire remonter l'origine de ces puissans Maîtres du monde? Sommes-nous bien au fait de la chronologie des âges? Où sont les images claires et distinctes, qui peuvent le plus vivement frapper notre attention sur les causes premières? Il n'en existe aucune; nous n'avons à cet égard que des notions imparfaites. Dût notre amour-propre en suffrir, il existe un terme au-delà duquel il n'est pas possible de pénétrer; l'homme le plus érudit se perd dans l'obscurité des temps.

S'il faut en croire la *Mythologie*, les Peuples sauvages eurent leurs Osiris, leurs Hermès, leurs Triptolêmes. De ces premiers Dieux, qu'on révéra comme tels, descendirent peut-être les Souverains qui gouvernent aujourd'hui les quatre parties du monde.

Ce qu'il y a de bien certain, c'est que les Nemrod, les Sésostris, les Alexandre et le Clovis, fonderent tour-à-tour de nouveaux Empires, qui, par succession d'âge, furent ou anéantis, ou subjugués. En un mot, tout se détruit, et tout se renouvelle.

FIN

des Notes, sur les Pensées philosophiques et politiques.

AVERTISSEMENT.

Avertissement.

Dans la crainte qu'on ne me soupçonne de revendiquer ici des pensées qui ne m'appartiendraient point, attendu qu'elles furent insérées, il y a plus de vingt-cinq ans, dans un Journal accrédité, je me hâte de prévenir le lecteur qu'elles sont de mon crû. L'intimité qui m'unissait au Rédacteur du Journal des Annales, ne me permettait pas de lui refuser quelques-unes de mes productions, pour alimenter ses feuilles : il n'appartient qu'à l'amitié de servir l'amitié.

N

Compagnons d'infortune, et victimes l'un et l'autre du Pouvoir ministériel, (1) *nous avons longtemps gémi dans les cachots de la Bastille ; lui , pour avoir eu le malheur de déplaire à Monsieur de Vergennes ; et moi , pour avoir écrit contre quelques opérations financières de Monsieur Neker.*

Graces à la révolution , ce tombeau de genre humain n'existe plus ; c'est un des premiers bienfaits du nouveau régime.

PROJET

DE PAIX PERPETUELLE,

Tout-à-fait différent de celui de l'Abbé de Saint-Pierre.

AU moment où l'abbé de Saint-Pierre proposa son fameux Projet de la Paix perpétuelle, on se contenta d'en rire; et peut-être eut-on raison : je dis peut-être, parce que son plan, au fond, bien loin d'être ridicule, ne laissait pas que de présenter de grands avantages, qui ne tendaient tous qu'au bien de l'humanité; mais les circonstances n'étant pas alors favorables, il devait paraître plaisant à des esprits, encore enivrés des extravagances du système, et qui commençaient à se familiariser avec les idées toutes philosophiques, si heureusement développées depuis dans la politique et dans la morale, qu'on vînt leur parler d'une justice indépendante de l'argent et des troupes.

N'était-il pas, en effet, étrange qu'on songeât à lier tous les Souverains par des conventions qu'il ne leur serait pas permis d'enfreindre; qu'on voulût, pour leur propre intérêt, les obliger à promettre de s'enchaîner les uns les autres, soit en se rendant les cautions du repos public; soit en se montrant les vengeurs de tous ceux qui, par un ordre renversé, prétendraient s'ouvrir une nouvelle carrière de gloire.

Jean - Jacques Rousseau, a depuis récrépi ces idées d'une ame vertueuse ; c'est-à-dire, qu'il en a changé la forme et les fondemens, sans les rendre plus admissibles. Sa théorie a paru, non sans raison aussi, bien plus romanesque encore, parce que, par tout, elle est en opposition avec les faits : il part toujours des choses, comme il serait peut-être à souhaiter qu'elles fussent ; mais comme constamment elles ne le sont pas, voilà précisément ce qui distingue le Roman de l'Histoire.

D'après ces deux essais, les esprits d'une trempe médiocre, se sont accoutumés à regarder comme une folie, l'espérance d'établir entre les Couronnes un congrès médiateur, capable de les contenir sans violence, et dont les arrêts puissent se faire respecter sans la sanction du canon.

Ce *préjugé populaire*, puisqu'il faut nommer les choses par leur nom, ne serait pas destitué de justesse, s'il n'excluait que la supposition d'une Assemblée supérieure aux trônes, composée de membres inaccessibles à l'intérêt, à la crainte, à la faveur; en un mot, aux séductions de toute espèce, qui corrompent et subjuguent sans cesse les ames humaines. Sans doute, il y aurait de l'extravagance à imaginer, et qu'on pût jamais former un semblable Sénat, et que les Princes fussent toujours disposés à en vénérer les décisions : on pourrait craindre qu'il ne se mêlat dans ses mouvemens des abus, ou que des obstacles ne rendissent bientôt la guerre aussi indispensable qu'elle l'est aujourd'hui entre la France et l'Angleterre; peut-être même ce Collège d'Amphictions (2) naturalisé en Europe, si la chose était possible, ne ferait-il que multiplier les occasions, et la nécessité d'employer les bayonnettes (3).

Mais est-il bien décidé que, dans la position sur-tout où se trouve l'Empire Français avec le Gouvernement de la Grande Bretagne, il devînt impossible d'étouffer, d'extirper même tous les germes meurtriers qu'a produits l'Angleterre, et dont l'explosion, depuis long-tems, a été si rapide et si funeste à la France ? Je ne le crois pas, et je vais faire en sorte de le prouver.

A la vérité, ce n'est pas un Tribunal, un Aréopage juridiquement convoqué, qui pourrait consommer cette heureuse opération ; mais elle n'aurait rien d'impraticable si, parmi les grandes Puissances, et même parmi les médiocres, il se trouvait un Prince assez ferme, assez honnête pour s'en charger, et qu'il fût secondé par un ministère assez éclairé, assez intègre pour en chercher les moyens.

Je suppose, par exemple, qu'à la mort de Charles VI, quand un jeune Roi, connu jusques-là par l'amour des Lettres et de la Philophic, a commencé à montrer le goût des armes et des conquêtes, la France, au lieu de concourir à la violation d'un Traité qu'elle avait garanti, et au démembrement d'un héritage qu'elle avait juré de ne pas laisser démembrer ; au lieu de prodiguer le sang de ses peuples et leurs trésors, pour jouir da la gloire momentanée d'élever sur le trône des Césars un fantôme d'Empereur ; gloire bientôt flétrie par des années de désastres, et dont plusieurs siècles de prospérités n'effaceront pas les tristes suites ; je suppose que la France, à cette époque, se fût montrée ferme sur ses engagemens ; qu'au lieu de seconder l'entreprise du jeune lion qui s'annonçait avec des dispositions si redoutables, elle n'eût employé ses forces qu'à le contenir, à lui inspirer une épouvante salutaire, les calamités qui ont suivi l'invasion de la Silésie n'auraient pas eu lieu; ni l'Allemagne, ni la Flandre, ni l'Italie, ni l'Amérique, ni l'Asie n'auraient été dévastés par les armes, ni le reste de l'Europe par des impôts, par des exactions de toute espèce, pires en quelque sorte que les massacres de la guerre.

Le Cardinal de Fleuri avait assez de bon sens pour désirer que ce systême prévalût; mais il n'eut pas assez de force pour le faire prévaloir: il fut le jouet de l'ambition du Maréchal de Belle-Isle, et de quelques autres esprits ardens; la France et le monde entier le furent de sa faiblesse: il est probable que, sous un ministère plus ferme, la guerre qui désola tant de contrées n'aurait pas eu lieu. J'ai donc raison de dire qu'il n'est pas impossible d'empêcher ces terribles éruptions.

Si nous remontons plus haut ; nous verrons le seizième siècle troublé par une des plus grandes rivalités dont nos fastes conservent la mémoire Deux hommes seuls donnaient des convulsions à l'Europe, et en causaient les malheurs. Si l'abominable Henri VIII, n'avait pas été aussi fou que furieux ; si les caprices de ce Néron de l'Angleterre n'avaient pas eu pour organe un ministère aussi vain, aussi petit que son Maître était cruel et fourbe ; si son alliance n'avait pas été prostituée sans fruit à des considérations ridicules, et son influence dans les affaires anéantie par la mobilité inconséquente qui le promenait successivement d'un parti à l'autre, la guerre entre François premier et Charles V n'aurait jamais éclaté. A la devise qu'il ne justifia point : *Qui je défends est maître*, le dominateur de Londres aurait pu substituer, avec raison, celle-ci :

Me stante, cuncta quiescunt.

Et réellement l'Europe aurait joui de la paix pendant son regne.

Fort long-temps après, où l'obligation d'humilier l'Angleterre, et d'émousser les ongles de ce Léopard vorace était avouée, n'aurait-il pas été possible d'épargner à la France la cruelle nécessité de s'épuiser (4), pour opérer cette correction indispensable ?

L'Espagne, à la vérité, s'en était occupée; mais ses instances devinrent infructueuses : peut-être, parce que d'une part, des négociations secrètes faisaient espérer au Cabinet de Saint-James d'engager encore celui de Madrid à des délais ; peut-être, parce que de l'autre, des intérêts particuliers, joints à l'espoir d'une moisson opulente, si une fois le commerce des Indes castillanes était livré à la rapacité des armateurs Anglais, pouvaient motiver l'oubli des vrais intérêts de la Nation.

Mais si la Hollande, à cette époque, mais si la Suède, mais si le Danemarck, mais si la Russie, au lieu de leurs méditations isolées et des préparatifs désunis, ordonnés séparément dans leurs ports, pour la protection de leur commerce, avaient fait une confédération pacificatrice; si de concert, elles fussent convenues d'indiquer à l'Angleterre un terme fixe, pour accepter les conditions dont la France se serait contentée, (la franchise absolue de la mer, et l'obligation de respecter tous les pavillons), en annonçant, passé ce terme, la résolution de concourir de toutes leurs forces, à la destruction absolue de celui qui aurait refusé l'égalité, croit-on qu'avec tout son orgueil, la nation Anglaise n'aurait pas fléchi? Par cette seule menace, ne serait-on pas venu à bout d'éteindre toutes les amorces, et de réduire au silence ces milliers de bouches à feu qui vont tout-à-la-fois embraser l'Océan, et l'inonder de sang humain ?

Mais, dira-t-on, comment faire goûter à tant de Cours différentes un même plan ? Comment les concilier, pour tenir un même langage, pour se conformer aux mêmes vues ? Entre de simples particuliers, rien de si difficile que d'introduire l'uniformité de sentimens et d'évolutions : comment l'inspirer à des Ministres indépendans, éloignés, formés chacun à part, d'hommes qui se craignent, qui se haïssent, dont les désirs, les intérêts, les talens se heurtent sans cesse, et qu'on accuse si universellement de préférer presque toujours l'avantage des créatures qui les flattent, à celui de l'Etat qui les enrichit ?

Comment ? Eh ! comment se sont donc opérées toutes les grandes ligues, toutes les grandes alliances, tous les grands résultats des négociations dont le récit compose presque toute notre histoire moderne ? Comment, dans le siècle dernier, l'Europe s'est-elle réunie contre un Roi de Prusse, de même qu'au siècle précédent contre un Roi de France ? Comment la succession d'Espagne a-t-elle été partagée pendant la vie du propriétaire ; partage éludé par celui seul à qui il devait être plus précieux, et auquel tous les autres peuples au-

raient

raient applaudi? Comment à Munster, à Osnabruck, les droits, les titres, tant présens que futurs, de cent maisons différentes, ont-ils été discutés, stipulés, fixés, d'une manière insuffisante, il est vrai, mais propre cependant à introduire pour le moment, une apparence d'ordre dans le cahos politique le plus indébrouillable, celui de l'association germanique.

Il a fallu dans ces Traités et dans tant d'autres, réunir la pluralité des suffrages, et concilier tous les plans, malgré la variété des intérêts : pourquoi n'en serait-il pas de même ici ? L'intérêt évidemment prépondérant de toutes les Cours, n'indiquerait-il pas une marche uniforme, et serait-il permis à quelques - unes d'entr'elles de s'en écarter ?

L'abaissement de la Maison d'Autriche, a été, pendant plus de cent ans, le pivot politique de la Cour de France, et de tous ses alliés. L'humiliation de Louis XIV, a été, pendant son regne entier, le but de toutes les négociations de l'Europe; mais graces au Fondateur de la hiérarchie nouvelle, et aux rapides conquêtes qui l'ont suivie; les Français n'ont plus rien à craindre : élevés au premier rang des Nations belliqueuses, admirés; respectés, il ne leur reste, pour jouir d'un éclat aisé, que de tourner leurs armes contre l'Angleterre.

Le moment est venu où toutes les Puissances continentales, sur-tout lès maritimes, doivent concourir à briser les prétentions de cette Isle intraitable, qui voudrait à toute force maîtriser l'Océan.

Ne serait-il pas en effet de la justice générale, que la majeure partie des Couronnes déployassent également leurs forces et leur activité, pour assurer le bonheur du monde et le repos de l'Europe ? Qu'elles se liguent ensemble, et qu'elles se disent à elles-mêmes : « Profitons des circonstances qu'on » ne peut pas plus favorables ; em- » pêchons que la mer ait à jamais » des tyrans ; unissons-nous pour » établir, et pour rendre éternelle » une indépendance dont chacun de » nous recueillera les fruits ; que le » trident de Neptune soit à l'avenir

» le symbole le plus sacré de la li-
» berté des mers : jurons, au moin-
» dre attentat qui pourra le compro-
» mettre, d'armer, pour sa conser-
» vation, autant de vengeurs qu'il y
aura de matelots dans l'univers ».

Une pareille confédération, si elle se formait de nos jours, comme cela peut arriver ; s'il y avait même un Souverain assez hardi, assez généreux, pour en faire le premier la proposition publique, la seule menace, j'ose l'affirmer, dispenserait de l'exécution : plus cet héroisme serait nouveau, plus il répandrait d'effroi ; plus cette politique serait extraordinaire, plus l'impression en serait vive.

Je vais plus loin : les alliés, que des liaisons antérieures unissaient à l'ennemi qu'on va combattre, inspireraient peu d'allarmes : ce sont autant d'adversaires auquels on s'est attendu en commençant les hostilités ; leurs secours ont été compris dans l'énumération des forces qu'on se détermine à combattre. Mais celui que l'on rencontrerait tout d'un coup dans sa marche, sans l'avoir prévu ; celui qui, sans autre motif, qu'une magnanimité échauffée par le désir du bien général, sans autre objet que la raison et l'intérêt public, se présenterait tout-à-coup de sang froid, l'olive dans une main, et l'épée dans l'autre, en ne laissant d'autre alternative que d'accepter des conditions raisonnables, ou de l'avoir pour antagoniste, il serait presque impossible qu'il trouvât des esprits réfractaires. Quand jusques-là, il n'aurait pas été mis au rang des Puissances formidables, il n'en répandrait pas moins la consternation et l'effroi : sa démarche lui ferait supposer des forces inconnues, et des talens dont on tremblerait de nécessiter le développement. Qu'on ne s'y trompe pas, les Nations sont à cet égard comme les particuliers : quand il s'agit de crainte, ainsi que de plaisir, ce sont sur-tout les nouveautés qui les subjuguent ; moins on y est préparé, moins on y résiste.

Si ce principe est vrai, même à l'égard des Puissances terrestres, il le serait bien encore plus sur la Mer Océane : c'est sur-tout sur cet élément, tout mobile, tout variable qu'il est, qu'il serait possible, à ce que je crois, d'établir, non pas une diète permanente, destinée à en écarter les orages politiques; mais une police immuable, que l'envie ne prendrait jamais à personne de troubler. Il y a une prodigieuse différence entre ces deux théâtres de l'ambition humaine, de même qu'entre les effets d'une ligue consacrée à y maintenir la paix.

Sur terre, l'homme inquiet, injuste, audacieux, qui croit qu'étendre ses possessions par la guerre c'est regner, et qu'un diadême n'est glorieux qu'autant qu'il dégoûte de sang humain, trouve bien plus de facilités et moins d'obstacles. S'il a des Généraux habiles; et le Ciel permet trop souvent une si triste profanation de ces terribles talens ; s'il est son Général lui-même ; si ses troupes sont aguerries ; s'il sait prendre ses mesures de bonne heure, et pénétrer les secret de ses voisins, sans lui laisser deviner les siens, il peut en un moment, par une seule manœuvre, s'élever à un point où la prudence ne permette pas même aux spectateurs d'espérer de l'en faire descendre, ni par conséquent de s'unir pour l'essayer, et où l'on regarde comme le chef-d'œuvre de la politique, de l'engager, par les voies de la douceur, à relâcher volontairement quelque chose de ses avantages (5).

Si même il se forme une confédération contre lui, il peut à chaque

que instant lui causer plus d'embarras qu'il n'en éprouve. Il peut calculer sans peine , ce que chaque allié ajoutera de forces au parti, ce que les distances permettront de promptitude, ou apporteront de lenteur dans le transport des secours, et s'arranger en conséquence. Si les troupes qu'on veut accumuler contre lui marchent ensemble, elles s'embarrassent et s'affament; si elles se séparent, il les écrase. Quand il serait inférieur en forces, avec l'art de bien choisir ses postes , il peut réparer, avantageusement même; l'infériorité du nombre : il ne faut qu'un mauvais choix dans les Généraux qu'on lui oppose, pour lui donner une supériorité insurmontable.

La seule diversité des vues, des intérêts, des caractères, suffit pour affaiblir les alliés, pour les dégoûter, et les rendre à charge les uns aux autres. Par sa vigilance, il peut les prévenir; par son courage, les rebuter; par sa liberalité et son adresse (6), les désunir. Quoiqu'en général le sort des armes soit journalier, et le succès des opérations militaires subordonné en quelque sorte à la fortune, il est vrai cependant qu'avec de la fermeté, de la prudence, des talens et des troupes disciplinées, il est presque impossible qu'un plan guerrier, bien conçu, ne réussisse pas sur terre, quand un seul homme le dirige, et que pour l'exécuter, il ne faut que parcourir l'élément qu'il inonde de sang et de larmes : ces raisons, auxquelles on pourrait en ajouter beaucoup d'autres, font sentir pourquoi rarement les unions y sont heureuses, et les ligues redoutables.

Sur mer, tout est différent. Les trasnports sont bien plus faciles, les communications plus ouvertes : les événemens n'y tiennent pas de même au génie d'un seul homme; l'intelligence, la fermeté de chaque Commandant, de chaque équipage, ont plus de part aux succès. Le hasard, les circonstances, les fatalités qui dérangent les plans divers, les combinaisons les plus sages, y sont bien plus à craindre : il ne faut qu'un coup de vent, qu'un brouillard, pour déconcerter les mesures les mieux prises, et rendre la plus puissante flotte inutile. Quelquefois une brume lui dérobe le passage de l'escadre opposée qu'elle ne rejoindra plus ; le plus souvent encore, un orage la disperse, et l'expose à se voir détruire en détail, par l'ennemi qu'elle méprisait avec raison en apparence.

Ces dangers semblent communs à la Puissance unique qui se recueille, pour repousser la foule conjurée contre elle, et à cette foule qui se rassemble pour l'accabler. Mais en y réfléchissant, on voit qu'ils sont bien plus redoutables pour la première, puisque son grand moyen de salut étant d'empêcher la jonction de ses ennemis dispersés, elle n'a jamais la certitude, même morale, d'y réussir.

Sans contredit, c'est une forte raison pour elle de trembler, à la seule annonce d'un projet qui nécessite sa perte, s'il s'exécute, et qu'elle ne peut avoir même l'espoir raisonnable de faire échouer.

Ce n'est pas tout : les armées qui ravagent les campagnes, n'ont à redouter que le fer de l'ennemi, ou les maladies causées par l'excès de la fatigue, par celui de la disette ou de l'intempérance : le sol qu'elles écrasent, ne se dérobe point sous leurs pieds ; il ne les menace pas à chaque instant de les engloutir, si elles ne cherchent un réfuge dans le sein d'un autre élément : les flottes ont de plus cette troisième espèce de péril, et c'est souvent la plus meurtrière : elles périssent, si elles n'ont pas d'asile où elles puissent se soustraire aux flots irrités contre leur orgueil, ou même se dégorger de l'air empoisonné qui ne tarde pas à infecter ces cachots mobiles qui vomissent la mort, et la récèlent toujours. Or une ligue enlève ce soulagement au pavillon qui en est l'objet; elle l'exile en quelque sorte au milieu de la mer, où ses triomphes même ne sont souvent pour lui qu'un malheur de plus.

Enfin, si ce que l'on dit est vrai, que l'*empire de la mer donne celui de la terre*, on peut dire aussi avec autant de justesse, que l'empire de la mer ne donne rien, puisque ce sceptre fantastique peut, à chaque instant, se briser contre le moiudre écuil, et être englouti par l'élément capricieux qu'il tirannise. Ces sortes de Puissances n'ont donc en effet qu'une solidité précaire, et les moindres ligues doivent toujours leur paraître formidables.

Cela posé, ce que j'ai dit de la souplesse forcée qu'inspirerait aux Anglais l'union des Puissances continentales, dont le pavillon est le plus connu sur nos mers, porte un caractère de vérité sensible. Quand même les plus faibles Puissances ne mettraient en mer qu'une trentaine de vaisseaux de ligne, et dix à douze fregattes, un tel surcroit, joint aux cent vingt bâtimens de cette force, que la France, l'Epagne et la Hollande seraient dans le cas de fournir, ne ferait-il pas perdre aux Anglais l'idée même de la résistance ?

Le nouveau changement qui vient de s'opérer dans leur Isle, amenera peut-être une pacification maritime. Tout autorise à conjecturer que le bon esprit des Ministres actuels, les faira renoncer au projet de boucler tous les ports depuis Cadix jusqu'à Cronstad. S'il en était autrement, et que la Russie, le Danemarck, la Suède, la Prusse, etc., etc., dussent rester spectatrices de la lutte qui s'engagerait encore sous leur yeux entre la France et la Grande-Bretagne, les vainqueurs d'Austerlitz marcheront à Londres; ils vengeront la France de cents ans d'insultes, et d'autant de siècles de timidité.

NOTES.

NOTE PREMIERE.

Page 98, ligne troisième.

LES Ministres, *dit un Roi de Perse*, sont les mains des Rois ; les hommes ne jugent que par eux du Souverain qui les gouverne. Il faut qu'un Roi ait l'œil incessamment ouvert sur leur conduite, afin de se convaincre par lui-même de l'équité qui les dirige. En vain rejetterait-il les fautes sur eux au jour où les peuples se souleveraient contre lui : il ressemblerait alors à un assassin, qui s'excuserait devant ses Juges, en disant que ce n'est point lui, mais son épée qui a commis le crime.

NOTE DEUXIEME.

Page 108, *ligne neuvième.*

LE petit bourg d'Anthéla, situé à quelques stades des Thermopyles, s'était rendu célèbre par le temple de Cérès, et par l'assemblée des Amphictyons, qui s'y tenait tous les ans. Cette diète, comme le dit fort bien l'ingénieux Auteur du Voyage du jeune Anacharsis en Grèce, serait la plus utile, et par conséquent la plus belle des institutions, si les motifs d'humanité qui la firent établir, n'étaient forcés de céder aux passions de ceux qui gouvernent les peuples. Suivant les uns, Amphictyon, qui regnait aux environs, en fut l'auteur : suivant d'autres, ce fut Acrisius, Roi d'Argos. Ce qui paraît certain, c'est que dans les temps les plus reculés, douze Nations du nord de la

Grèce, telles que les Doriens, les Ioniens, les Phocéens, les Béotiens, les Thessaliens, etc., formèrent une confédération, pour prévenir les maux que la guerre entraîne à sa suite. Il fut reglé qu'elles enverraient tous les ans des députés à Delphes; que les attentats commis contre le temple d'Apollon, qui avait reçu leurs sermens, et tous ceux qui sont contraires au droit des gens, dont ils devaient être les défenseurs, seraient déférés à cette assemblée; que chacune des douze Nations aurait deux suffrages à donner pour ses députés, et s'engagerait à faire exécuter les décrets de ce Tribunal auguste.

La ligue s'est cimentée par un serment qui s'est toujours renouvellé depuis. « Nous jurons, dirent les peuples » associés, de ne jamais renverser les » villes Amphictyoniques; de ne jamais » détourner, soit pendant la paix, soit » pendant la guerre, les sources néces-

» saires à leurs besoins : si quelque Puis» sance ose l'entreprendre, nous mar» cherons contre elle, et nous détrui» rons ses villes. Si des impies enlevent » les offrandes du temple d'Apollon, » nous jurons d'employer nos pieds, » nos bras, notre voix, toutes nos for» ces contre eux et contre leurs com» plices ».

Ce Tribunal subsiste encore aujourd'hui, à-peu-près dans la même forme qu'il fut établi. Sa jurisdiction s'est étendue avec les Nations qui sont sorties du nord de la Grèce, et qui, toujours attachées à la ligue Amphictyonique, ont porté dans leurs nouvelles demeures, le droit d'assister et d'opiner à ses assemblées. Tels sont les Lacédémoniens : ils habitaient autrefois la Thessalie ; et quand ils vinrent s'établir dans le Péloponèse, ils conserverent un des deux suffrages qui appartenaient au corps des Doriens, dont ils faisaient partie. De même, le double suffrage, originairement accordé aux Ioniens, fut dans la suite partagé entre les Athéniens et les Colonies Ioniennes, qui sont dans l'Asie mineure. Mais quoiqu'on ne puisse porter à la diète générale que vingt-quatre suffrages, le nombre des Députés n'est pas fixé ; les Athéniens en avaient quelquefois trois ou quatre.

L'assemblée des Amphictyons se tient au Printemps à Delphes ; en Automne, au bourg d'Anthéla. Elle attire un grand nombre de spectateurs, et commence par des sacrifices offerts pour le repos et le bonheur de la Grèce.

Outre les causes énoncées dans le serment que j'ai cité, on y juge les contestations élevées entre des villes qui prétendent présider aux sacrifices qu'elles font de concert, ou qui, après une bataille gagnée, voudraient en particulier s'arroger des honneurs qu'elles devraient partager.

On y porte d'autres causes, tant civiles que criminelles, mais sur-tout les actes qui violent ouvertement le droit des gens. Les députés des parties discutent l'affaire ; le Tribunal prononce à la pluralité des voix ; il décerne une amende contre les nations coupables : après les délais accordés, intervient un second jugement, qui augmente l'amende du double. Si elles n'obéissent pas, l'assemblée est en droit d'appeller au secours de son décret, et d'armer contre elle tout le corps Amphictyonique ; c'est-à-dire, une grande partie de la Grèce. Elle a le droit aussi de les séparer de la ligue Amphictyonique, ou de la commune union du temple.

Mais les Nations puissantes ne se soumettent pas toujours à de pareils décrets. On peut en juger par la conduite récente des Lacédémoniens. S'étant emparés, en pleine paix, de la Citadelle de Thèbes, les Magistrats de cette ville les citèrent à la diète générale. Les Lacédémoniens y furent condamnés à cinq cents talens d'amende, ensuite à mille, qu'ils se sont dispensés de payer, sous prétexte que la décision était injuste.

Les jugemens prononcés contre les peuples qui profanent le temple de Delphes, inspirent plus de terreur. Leurs soldats marchent avec d'autant plus de répugnance, qu'ils sont punis de mort et privés de la sépulture, lorsqu'ils sont pris les armes à la main : ceux que la diète invite à venger les autels, sont d'autant plus dociles, qu'on est censé partager l'impiété, lorsqu'on la favorise ou qu'on la tolère. Dans ces occasions, les Nations coupables ont encore à craindre qu'aux anathêmes lancés contre elles, ne se joigne la politique des Princes voisins, qui trouvent le moyen de servir leur propre ambition, en épousant les intérêts du Ciel.

NOTE TROISIEME.

Même page que la note précédente, ligne treizième

C'EST à Bayonne, que fut inventé, pour la première fois, cet instrument de mort. Je ne puis le voir sans frémir, lorsqu'il est enchassé au bout du fusil, et que les soldats marchent en ordre de bataille à pas redoublés.

Qu'ils sont condamnables, aux yeux de la Philosophie, ceux dont le génie ne s'applique qu'à multiplier des machines capables d'opérer la destruction du genre humain !

Je suis à comprendre comment des idées aussi féroces ont pu se glisser dans l'esprit des auteurs qui ont cru bien mériter de la Patrie, en les faisant exécuter sous leurs yeux ; je suis à comprendre, dis-je, comment il est possible de se roîdir contre le sentiment de

la

le sentiment de la nature. Comment ? c'est parce que l'intérêt et l'ambition, comme je l'ai déjà observé plus d'une fois, sont et seront toujours les deux plus anciennes et les deux plus cruelles maladies de l'espèce humaine.

On m'objectera; peut-être, qu'il est des occasions où il n'est pas permis à la Politique d'accéder à ce que la nature et l'humanité condamnent. Soit; mais la véritable politique est-elle donc autre chose que l'étude approfondie des causes et des effets ? Sœur de la Philosophie, elle a le droit également d'examiner ce qui peut être utile ou nuisible aux Sociétés civiles. Or ceux qui ont fatigué leur imagination à créer un instrument jusqu'alors inconnu, pour donner plus de force et d'activité à ce qu'on appelle *l'art de détruire*, n'étaient pas les bienfaicteurs de l'espèce humaine. Pourquoi Néron devint-il le plus cruel et le plus insensé des tyrans, malgré les leçons de Burrus ? C'est parce que Agrippine, d'après le rapport de Tacite, le détourna de l'étude de la Philosophie, ou, ce qui revient au même, de la Politique naturelle.

NOTE QUATRIEME.

Page 109, *ligne troisieme.*

JE ne sais quelles pouvaient être alors les intentions manifestes du Gouvernement Français ; mais il y a prés de trente ans, que le Ministre du Département de la marine, avait fait toutes les dispositions nécessaires, pour effectuer une Descente en Angleterre. Les côtes de la Normandie, et principalement le Port du Havre, regorgeaient de munitions de guerre et de vivres de toute espèce. La majeure partie des bâtiments de transport, était encombrée de manière, qu'on fut obligé, à plusieurs reprises, de les décharger et de les charger de rechef, pour que les cachots infectes qui récélaient tant de denrées, respirassent un air nouveau, afin de les garantir de la corruption qui les menaçait.

La politique du Gouvernement s'empressait, à cette époque, sans doute pour intimider la Grande Bretagne, d'accorder des récompenses aux ames généreuses qui se dévouaient entierement au service de la Patrie. Rien en effet de plus beau, que de se sacrifier pour elle : rien en effet de plus louable, que de chercher à se faire un nom dans l'Histoire, soit par des exploits brillans, soit par un trépas honorable ; mais, je le répète, on ne doit verser le sang des hommes, qu'autant que les circonstances, jointes à la justice, nous en font un devoir rigoureux.

Quelque temps après, l'ordre vint

de désarmer : presque tous les objets de première nécessité furent pourris ; les troupes se retirererent, et l'espérance de voir flotter les Lys sur la tour de Londres, disparut comme un éclair.

Je me suis laissé dire par des personnes non suspectes, que tous ces préparatifs inutiles avaient coûté à la France plus de deux millions : je n'en suis point surpris, il regnait alors à la Cour un gaspillage affreux. Il n'en est pas de même aujourd'hui : la main puissante qui nous gouverne, et qui cernera bientôt les Anglais de toutes parts, s'ils ne se hâtent de demander la paix, est de plus en plus inébranlable ; rien, absolument rien, ne peut en altérer les mouvemens.

NOTE CINQUIEME.

Page 240, ligne dix-huitième.

Tout ce que j'ai articulé dans cette page, et dans les autres qui la suivent, j'étais bien loin de le prévoir, et d'imaginer que le plus grand Homme, je ne dis pas de l'Europe, mais de l'Univers entier, aurait été dans le cas de l'effectuer au dix-neuvième siècle.

La manière grande et génereuse, avec laquelle s'est comporté le Vainqueur à l'égard des vaincus, inspire tout-à-la fois l'admiration et le respect. Joignez à celà, que les braves Troupes qu'il commande, se sont efforcées, par une émulation utile, de concourir à réhausser l'éclat du trône sur lequel il est assis. Témoins de ses vertus et de ses exploits, ils auraient rougi de commettre en sa présence la moindre lâcheté : c'est donc par des efforts glorieux, qu'ils se sont illustrés contre les ennemis de la France ? Graces leur soient rendues !

NOTE SIXIEME.

Page 122, *ligne huitième.*

LA postérité ne reprochera point au Gouvernement Français, d'avoir employé, pour faire tourner à son avantage les opérations militaires, aucun de ces bas moyens qui déshonorent les grandes comme les petites nations. On ne tiendra point le même langage, à l'égard de l'Angleterre.

Ne pourrait-on pas, sans craindre de l'offenser, appliquer à son Gouvernement le bon mot de Philippe, frère d'Alexandre ? Il soutenait, avec raison, qu'il n'y avait point de murailles qu'une bête de somme chargée d'or, ne pût aisément franchir. L'Angleterre a usé des mêmes ressources dont parle Philippe : elle a distribué son or, fruit honteux de ses pirateries, non pas à pleines mains, mais à pleines tonnes. Comment peut-il se faire que les Puissances qui l'ont reçu, n'ayent pas senti que les richesses sont ordinairement l'origine et la source de tous les maux. Si les Romains se fussent montrés inaccessibles à l'or et à l'argent, ils auraient conservé leur vertu dans toute son intégrité. Profitons de ce que racontent à cet égard Saluste et Patercule. Voici comme ils s'expriment :

« Tant que le travail et la justice re-
» gnèrent dans la République, qu'elle
» eut à combattre contre des Rois puis-
» sans, qu'elle soumit à sa domination
» des peuples immenses, et jusqu'à la
» ruïne de Carthage, cette fière rivale

» de l'empire Romain, ces hommes ac-
» coûtumés à supporter les fatigues, les
» dangers, et les épreuves les plus ru-
» des et les plus épineuses, regardaient
» alors l'oisiveté et les richesses, comme
» un grand malheur et un lourd fardeau.
» Ce ne fut point lentement et par de-
» grès, mais à grands pas et par un su-
» bit changement, qu'on déserta la vertu
» pour suivre l'étendard du vice. Une
» nouvelle discipline prit tout à coup
» la place de l'ancienne ; on passa ra-
» pidement de la vigilence au repos,
» des armes aux plaisirs, et de l'occu-
» pation à la mollesse. D'abord, la pas-
» sion de l'argent, ensuite l'ambition fi-
» rent des progrès si rapides, que la jeu-
» nesse Romaine, au sein de l'avarice
» et de l'orgueil, méprisa la vertu, et re-
» garda la vérité comme une opprobre ».

RECAPITULATION

RECAPITULATION

des Pensées Philosophiques et Politiques.

1°. SANS doute la guerre est le plus terrible des fléaux ; mais si les Rois voulaient se rendre justice, en épargnant le sang des peuples, ils accumuleraient des trésors. Au lieu de donner cours aux passions qui les aveuglent, ne serait-il pas de leur intérêt qu'ils adoptassent les principes de la Philantropie? De ces mêmes principes découlerait le bien universel : ce ne serait pas en vain qu'un Philosophe des montagnes de l'Aveiron, leur aurait parlé le langage de la nature. Comme Socrate, il a cru que les malheurs qu'éprouvent ses semblables, lorsqu'on les force d'embrasser un systême destructeur, lui prescrivaient de se dévouer au culte de la vérité : c'est donc sous ses auspices et par sa bouche, qu'il n'a pas craint de leur dire qu'on ne doit jamais statuer sur la violence, ni faire un mauvais usage du pouvoir souverain.

2°. Rien ne releve plus l'éclat du trône, que l'intention fortement prononcée d'écarter loin des peuples tout ce qui s'oppose à leur bonheur : voilà le plus beau triomphe dont puisse se glorifier un Souverain équitable ; mais quand la balance de l'Autorité suprême penche vers l'injustice, quand les Rois ne connaissent d'autre droit que celui de la force ; et que la soif de l'or se marie avec l'ambition des conquêtes, alors tout est perdu ; les vertus modestes se cachent, et les vices effrontés levent leur tête altière.

3°. Depuis que l'Angleterre, à force d'or et d'argent, avait trouvé le moyen de corrompre quelques Cabinets du nord de l'Europe, la discorde fatale goûtait le plaisir cruel d'étendre par tout son empire. Graces aux guinées de la

Grande Bretagne, elle ne respirait que l'animosité des combats. Le vol, l'incendie, le pillage, le crime, tout était mis en usage, pour épuiser le sang et la fortune des peuples : heureusement que la Providence qui veille sur les destinées de notre Empire, a fait avorter un dessein aussi barbare, en couvrant de son égide le Héros qui nous gouverne.

4°. Toute Puissance qui se laisse subjuguer par les sourdes menées d'une autre Puissance, avilit, en quelque sorte, l'honneur du Diadême, principalement, lorsque cette dernière vend à la première le sang de ses peuples. Qu'un particulier se laisse corrompre par l'appas des richesses, cela se conçoit; mais que des têtes couronnées s'estiment assez peu pour se livrer à des trafics aussi blâmables, c'est ce qui déroute l'imagination humaine.

5°. La puissance des Rois n'est solide, qu'autant qu'elle veille à la conservation des peuples : ils ne veulent pas comprendre qu'ils ne différent des autres hommes, que par le trône qui les éleve. L'Etre suprême ne les créa que pour rendre leurs peuples heureux, et non pour les asservir; mais, par un malheur inconcevable, il est rare que ces maîtres de la terre ne se laissent pas abuser par leurs courtisans.

6°. Lorsque la sécurité des peuples marche d'un pas égal avec le repos des Rois, le bonheur devient général, et tout rentre dans l'ordre. Il n'en est pas de même des Potentats qui rougissent de se faire une haute idée de leurs devoirs. Alors les Tarquin et les Tibere prennent la place des Trajan et des Titus; mais ces derniers goûtaient à longs traits le plaisir d'être adorés de leurs sujets, parce qu'il restait dans leur cœur des traces profondes de la plus noble des vertus, l'amour du genre humain.

7°. Quels avantages retirent donc les Monarques d'être toujours en guerre ? Ne sont-ils pas ruinés de leur propre gain, quoique le succès les accompagne ? Ce n'est pas aux Erostrates qui brûlent les temples, à se comparer aux Amphions qui bâtissent des villes. Par la même raison, les triomphes d'Octave ne doivent pas l'emporter sur le regne d'Auguste. Posons en principe qu'il n'y a rien de plus sacré que le sang des hommes, et que dans quelque rang que le hasard les place, il est cruel pour eux de se voir écrasés sous le char de la victoire.

8°. Ceux qu'on soumet par la persuasion, se laissent bientôt intimider par les menaces. Tout Gouvernement spoliateur, qui ne divise que pour affaiblir, qui ne corrompt que pour soumettre, ne mérite aucune considération, parce qu'il altère, parce qu'il dessèche jusques dans ses racines, tous les sentimens de l'honneur. Je vais plus loin : je soutiens qu'un Gouvernement accoûtumé de boire dans la coupe des crimes, n'est pas digne de figurer sur la liste des Puissances : aussi l'Angleterre porte-t-elle depuis long-temps dans son sein tous les germes de sa destruction.

RECAPITULATION

Du Projet de Paix perpétuelle.

1°. INutilement objecterait-on qu'il est impossible d'extirper les germes meurtriers que peut produire un Gouvernement ambitieux, tel que celui de la Grande Bretagne. Je pense que tout dépend de l'accord unanime des Puissances continentales, et que s'il s'en trouvait une (fût-elle même d'un rang inférieur) assez ferme, assez honnête pour inviter l'Angleterre, au nom de tous ses Associés Royaux, à se dessaisir au plutôt du sceptre des mers, afin de les rendre indépendantes, cette seule invitation dispenserait peut-être la France d'en venir encore à des hostilités sanglantes.

Mais, répondra-t-on, il s'est écoulé un laps de temps assez considérable, depuis que l'Angleterre occupe l'Océan, et cependant son pavillon n'a reconnu jusqu'à ce jour d'autre maître que le vent; mais je soutiendrai que les circonstances n'étant pas alors les mêmes; que la Hollande, la Suède, le Danemarck, la Russie n'armant que pour protéger séparément leur commerce, il était naturel que le Gouvernement Britannique profitât de leur faiblesse et de leurs méditations isolées. Comme, depuis cette époque, les temps sont extraordinairement changés, et qu'on reconnait, dans les quatre parties du monde, la supériorité des armes Françaises, il suffit de convenir aujourd'hui d'une confédération pacificatrice et d'indiquer à l'Angleterre un terme pour accepter les conditions qui lui seront prescrites ; conditions qui doivent être avantageuses à toutes les Puissances maritimes, parce que leur base portera sur la franchise absolue des mers, et sur l'indispensable nécessité de respecter tous les pavillons.

J'entends déjà mille voix qui s'écrient qu'il est impossible de faire goûter un plan de cette nature à tant de Cours différentes ; que les Ministres de ces dernières sont jaloux les uns des autres ; qu'ils se craignent ou se haissent ; que leurs désirs, leurs intérêts, leurs talens se heurtent sans cesse, et que l'uniformité des mêmes vues, des mêmes sentimens et des mêmes évolutions devient impraticable.

Je ne répéterai point ici ce que j'ai dit à cet égard dans les pages 112, 113 et 114 : ma récapitulation,

qui ne doit être qu'un précis des idées consignées dans mon Projet de Paix perpétuelle, rebuterait le lecteur. Je soutiens donc affirmativement que, pour assurer le bonheur et le repos de l'Europe, il serait à désirer que les Puissances continentales se liguassent avec la France, l'Espagne, le Portugal et la Hollande, et qu'elles se dissent à elles-mêmes : « Profitons des circonstan-
» ces qu'on ne peut pas plus favora-
» bles ; empêchons que la mer ait à
» jamais des tyrans ; unissons-nous
» pour établir, et pour rendre éter-
» nelle une indépendance dont cha-
» cun de nous recueillira les fruits :

» que le trident de Neptune soit à » l'avenir le symbole le plus sacré de » la liberté des mers ; jurons, au » moindre attentat qui pourra le » compromettre, d'armer pour sa » conservation, autant de vengeurs » qu'il y aura de matelots dans l'u- » nivers.

Il n'est personne qui ne conçoive que, plus cet héroisme serait nouveau, plus il répandrait d'effroi ; que plus cette politique serait extraordinaire, plus l'impression en serait vive.

Il devient donc impossible de douter qu'une ligue consacrée à maintenir la paix sur mer, et dont la magnanimité serait échauffée par le désir du bien général, ne vînt à bout d'y établir une police tellement immuable, que l'envie ne prendrait jamais à personne de la troubler. S'imagine-t-on d'ailleurs, que si quelques unes des Puissances dont je viens de parler, se présentaient de sang froid, l'olive dans une main et l'épée dans l'autre, en ne laissant à l'Angleterre d'autre alternative que d'accepter des conditions raisonnables, ou de les avoir pour antagonistes; s'imagine-t-on, dis-je, qu'elle opposerait des moyens de résistance, et qu'elle ne relâcherait rien de ses droits arbitraires ? J'insiste sur la négative. Enfin, pour toute conclusion, en supposant que la France, l'Espagne et la Hollande ne missent en mer seulement que trente vaisseaux de ligne chacune, qui feraient cause commune avec les Puissances continentales, croit-on que la Grande Bretagne ne rebattrait pas de son orgueil ?

FIN.

FAUTES

FAUTES A CORRIGER.

AVant-Propos, *page* 16, *avant derniere ligne*, en se, *lisez* on se

Page 22, *ligne* 12, frien, *lisez* frein.

Page 24, *ligne* 18, Gouverement, *lisez* Gouvernement.

Page 25, *avant derniere ligne*, chiffre 7, note supprimée.

Page 39, *lign.* 8, qn'elle, *lisez* qu'elle.

Page 63, *ligne* 2, immanquablemens, *lisez* immanquablement.

Page 128, *avant derniere ligne*, de cents ans, *lisez* de cinq cents ans.

www.ingramcontent.com/pod-product-compliance
Ingram Content Group UK Ltd.
Pitfield, Milton Keynes, MK11 3LW, UK
UKHW020605180726
13838UKWH00001B/430